学歌谣，掌握小学英语核心知识

新课标

全家都爱读的英文歌谣

主编 ◎ 焦糖老师
参编 ◎ 李晓慧 魏欣欣

基础

U0369123

机械工业出版社
CHINA MACHINE PRESS

歌谣是一种经典的儿童文学形式，英文歌谣是英语语言和文化发展历程的缩影。本书通过精选富有生活情趣、朗朗上口的歌谣，向孩子们呈现英语文化中著名的人物形象和有趣的人物传说。通过在经典歌谣中进行中西方文化对比，孩子们可以感受中英文化差异，激发文化自信；通过在有趣的故事氛围下学习拼读规律、语法规则及修辞手法，轻松突破新课标小学必备词汇。

本书配套资源丰富，尤其适合亲子学习，家长可以陪着孩子在经典歌谣中对比中西方文化，在优美的旋律中反复唱诵歌谣，可以促进语言知识的记忆与内化，让孩子在愉快的学习氛围中产生浓厚的英语学习兴趣。

图书在版编目（CIP）数据

全家都爱读的英文歌谣. 基础 / 焦糖老师主编. —北京：
机械工业出版社，2023.10
（全家都爱学英文系列丛书）
ISBN 978-7-111-74010-0

Ⅰ.①全…　Ⅱ.①焦…　Ⅲ.①英语课 – 小学 – 教学参
考资料　Ⅳ.①G624.313

中国国家版本馆CIP数据核字（2023）第198297号

机械工业出版社（北京市百万庄大街22号　邮政编码100037）
策划编辑：孙铁军　　责任编辑：孙铁军　张晓娟
责任校对：苏筛琴　　责任印制：张　博
北京利丰雅高长城印刷有限公司印刷
2024年1月第1版第1次印刷
188mm×245mm·20印张·332千字
标准书号：ISBN 978-7-111-74010-0
定价：129.00元（含练习册）

电话服务　　　　　　　　网络服务
客服电话：010-88361066　机　工　官　网：www.cmpbook.com
　　　　　010-88379833　机　工　官　博：weibo.com/cmp1952
　　　　　010-68326294　金　书　网：www.golden-book.com
封底无防伪标均为盗版　机工教育服务网：www.cmpedu.com

前言 Preface

　　亲爱的读者朋友，欢迎您阅读这套《全家都爱读的英文歌谣》。如今，许多家长正在为孩子的英语学习犯难，而很多孩子则苦于英语学习的枯燥无味。为解决这些问题，我精心编写了这套书。接下来请允许我向您介绍一下这套书的 5 大特色：

　　首先，本书紧密遵循英语新课标，精选了一系列英文经典歌谣，精准覆盖小学英语的关键语言知识，能有效帮助孩子们建立扎实的英语基础。

　　其次，英文歌谣旋律优美，朗朗上口，具有极强的感染力。本书通过趣味十足的英文歌谣激发孩子们的学习兴趣，让他们在轻松愉快的氛围中自然而然地积累关键词汇和语法知识，同时也能培养孩子们的语感和审美。

　　第三，作为资深教师，我深知孩子们对新事物总是充满好奇心，且具有丰富的想象力和探索精神。因此，本书所收录的歌谣主题丰富多样，涵盖了社会风俗、历史事件、科技发明、名人轶事、文学名著起源等多个方面。在学习英语的同时，孩子们还能探索其他学科的知识，激发对不同学科的兴趣，提高综合素质。

第四，过去，我们中国人学英语主要是为了应付考试。而今天，随着我国在全球舞台上重要性的不断提升，我们更注重是否能真正参与全球协作与竞争。因此，本书在讲解歌谣的过程中，展开了大量的中西方文化对比分析。在孩子们可以理解的基础上拓宽视野，培养全球思维，增强文化自信。助力孩子们学好英语，讲好中国故事，提升与全世界对话的能力。

最后，为了确保学习效果，帮助孩子们更好地理解与掌握所学知识，本书配备了完整的课后练习。结合学习与实践，提高孩子们的实际运用能力。

我衷心希望这套《全家都爱读的英文歌谣》能为孩子们的英语学习提供新的灵感，为家长们提供一套兼具趣味与实际效果的陪伴式学习工具。愿您和您的孩子在英语的世界里茁壮成长，快乐学习！

焦糖老师

2023 年 7 月 11 日凌晨

目录 Contents

v

Lesson 01

Jack, Be Nimble
敏捷的杰克

看一看，填一填

jump, hop 和 skip 都有"跳"的含义，但这三种"跳"有没有什么区别呢？

图片			
英语	jump	hop	skip
汉语	_____	_____	_____
动作描述	泛指_____脚跳或在同一平面上跳到有一定距离的某一点上。	通常指人_____脚跳，也可指鸟、青蛙和兔子等的跳跃。	一般指轻快地小步跳。

Jack, Be Nimble

Jack, be nimble,
杰克，敏捷点，

Jack, be quick,
杰克，快一点，

Jack, jump over,
杰克，跳过去，

The candlestick.
跳过那烛台。

Read and Answer

1. What is this nursery rhyme about?

   _____

2. What is Jack going to jump over?

   _____

3. Why must Jack be nimble and quick?

   _____

有趣的跳跃小游戏——跳蜡烛

Jack, Be Nimble 是一首历史悠久的英文歌谣，起源于 18 世纪的英国，19 世纪中叶被收录于詹姆斯·奥查德·哈利维尔（James Orchard Halliwell）的《英国童谣与童话集》（*English Nursery Rhymes and Fairy Tales Collection*）中。

跳蜡烛是西方的一种古老习俗，后来经过不断的演变，这种习俗变成了一项日常小游戏。这首歌谣向我们讲述了 Jack 玩跳蜡烛游戏时的场景以及动作要领。跳跃时必须要敏捷（be nimble）并且迅速（be quick），才能安全跳过（jump over）烛台。

世界性的单脚跳小游戏——跳房子

和跳蜡烛相比，另外一种跳跃小游戏"跳房子"的世界知名度更高，可以称得上是一个世界性的小游戏。"跳房子"对应的英语单词为 hopscotch。hopscotch 是一

个合成词，由动词 hop 和名词 scotch 组合而成。hop 是指"单脚跳行"，scotch 的意思为"划痕"。就算你从来没有玩过跳房子，也可以直接从 hopscotch 的构词中找到这个小游戏的动作要领，那就是：玩游戏的人单脚跳行（hop）划痕（scotch）。跳房子是一种简单有趣的活动，运动量不算大，却可以锻炼身体的灵活性和协调性。

此"跳"非彼"跳"

跳蜡烛和跳房子都是跳跃小游戏，但是跳跃的动作却是不同的。在跳蜡烛游戏中，游戏挑战者要"双脚弹跳并跃过"面前烛台上的蜡烛，因此这里的跳跃动作为 jump over。而在跳房子的游戏里需要游戏挑战者"单脚跳行"地上的划痕，因此这里的跳跃动作为 hop。

① **nimble** /'nɪmbl/ *adj.* 敏捷的；聪敏的

Example: You need nimble fingers for that job.

干这活需要手指灵巧。

② **be nimble** 灵活点，灵敏无比

Example: To jump over the candlestick, you have to be nimble.

要跳过烛台，你得动作敏捷。

③ **quick** /kwɪk/ *adj.* 迅速的；敏捷的

Example: Come as quick as you can! 你尽快过来吧！

④ **be quick** 动作要快，快点

Example: Try to be quick ! We're late already.

尽量快点！我们已经晚了。

⑤ **jump over** 跳过

Example: Can you jump over this rope?

你能跳过这条绳子吗？

⑥ **candlestick** /'kændlstɪk/ *n.* 烛台

Example: The darkest place is under the candlestick.

烛台的下方是最黑暗的地方。

Let's Sing

Jack, Be Nimble

Jack, be nimble,

Jack, be quick,

Jack, jump over

The candlestick.

Jack, Be Nimble

注："⌢"表示可以连读；下划线颜色相同的单词互为押韵。

Lesson 02
Red Sky at Night
向晚天发红，羊倌喜盈盈

看一看，填一填

农耕时代的人们通过观察天时气象对农业生产的影响，总结出了大量指导耕作的谚语。在气象科学不发达的过去，这些谚语对促进农业丰产丰收有着重要的意义。下面的三组天气谚语你熟悉吗？请用恰当的英文单词将句子补充完整。

英文天气谚语		对应中文
	A _____ year, a rich year.	瑞雪兆丰年。
	Fish bite before a _____.	大鱼吃小鱼， 天空要下雨。
	Mountains in the _____, fountains in the _____.	早晨天上积雨云， 晚上地下降暴雨。

Red Sky at Night

Red sky at night,
夜晚红彤彤，

Shepherd's delight;
牧人兴冲冲；

Red sky in the morning,
早晨红彤彤，

Shepherd's warning.
牧人急煞煞。

Read and Answer

1. What is this nursery rhyme about?

_____

2. How does the shepherd feel when the sky is red at night?

_____

3. How does the shepherd feel when the sky is red in the morning?

_____

最早的"天气预报"

在晴雨表（有晴雨标记的气压表）发明之前，古人很难通过收集大量数据来预测天气。但天气情况对人们的日常生活和耕种有着重要的影响。于是人们在长期的生产和生活实践中，不断总结经验，把对天时气象的认识概括成简明、易懂、朗朗上口的谚语。这些谚语就是人类历史上最早的"天气预报"。在我国谚语分类体系里，天气谚语常常被归入农谚之中，视天气谚语为农谚的一部分。

天空是最早的"晴雨表"

　　天空是古人判断天气变化的重要依据，很多天气谚语是古人通过观察天空的颜色，以及云朵的变化而总结出来的。比如："日出胭脂红，无雨也有风。""天上起了鲤鱼斑，明天晒谷不用翻。""虹高日头低，明朝着蓑衣。"

　　Red Sky at Night 是一个历史悠久的天气谚语，据说它已经有六百多年的历史了。谚语中的牧羊人（shepherd）根据日出和日落时天空的颜色来判断天气，如果日落时的天空是红色的，那么第二天一定是阳光明媚的天气；如果日出时的天空是红色的，通常预示着当天晚些时候会有坏天气。由此可见，天空可以称得上是最早的"晴雨表"。

最早的"气象播报员"

　　除了天空之外，小动物生活习性的变化也是古人判断天气的重要依据。我国劳动人民通过大量的观察，总结出了这样的天气谚语："龟背潮，下雨兆。""泥鳅静，天气晴。""蜻蜓成群绕天空，不过三日雨蒙蒙。"

在英语中也存在大量和动物有关的天气谚语，例如：

- 通过牛尾巴的朝向来判断天气

  Tails to the west, the weather's the best; tails to the east, the weather's the least.

- 通过鹅的叫声来判断天气

  When the goose honks high, fair weather is nigh.

- 通过蜜蜂的行踪来判断天气

  If bees stay at home, rain will soon come. If they fly away, fine will be the day.

由此可见，在现代预报天气的科技手段被发明之前，小动物们就是小小"气象播报员"，向人们传递未来天气变化的关键信号。

Useful Words and Expressions

1. **sky** /skaɪ/ *n.* **天，天空**

   Example: The sky is blue today.

   今天天很蓝。

2. **at night** **在夜里，在晚上**

   Example: At night you can see the stars.

   夜晚可以看见星星。

3. **shepherd** /'ʃepəd/ *n.* **牧羊人**

   Example: The shepherd was asleep with his sheep.

   牧羊人和他的羊一起睡着了。

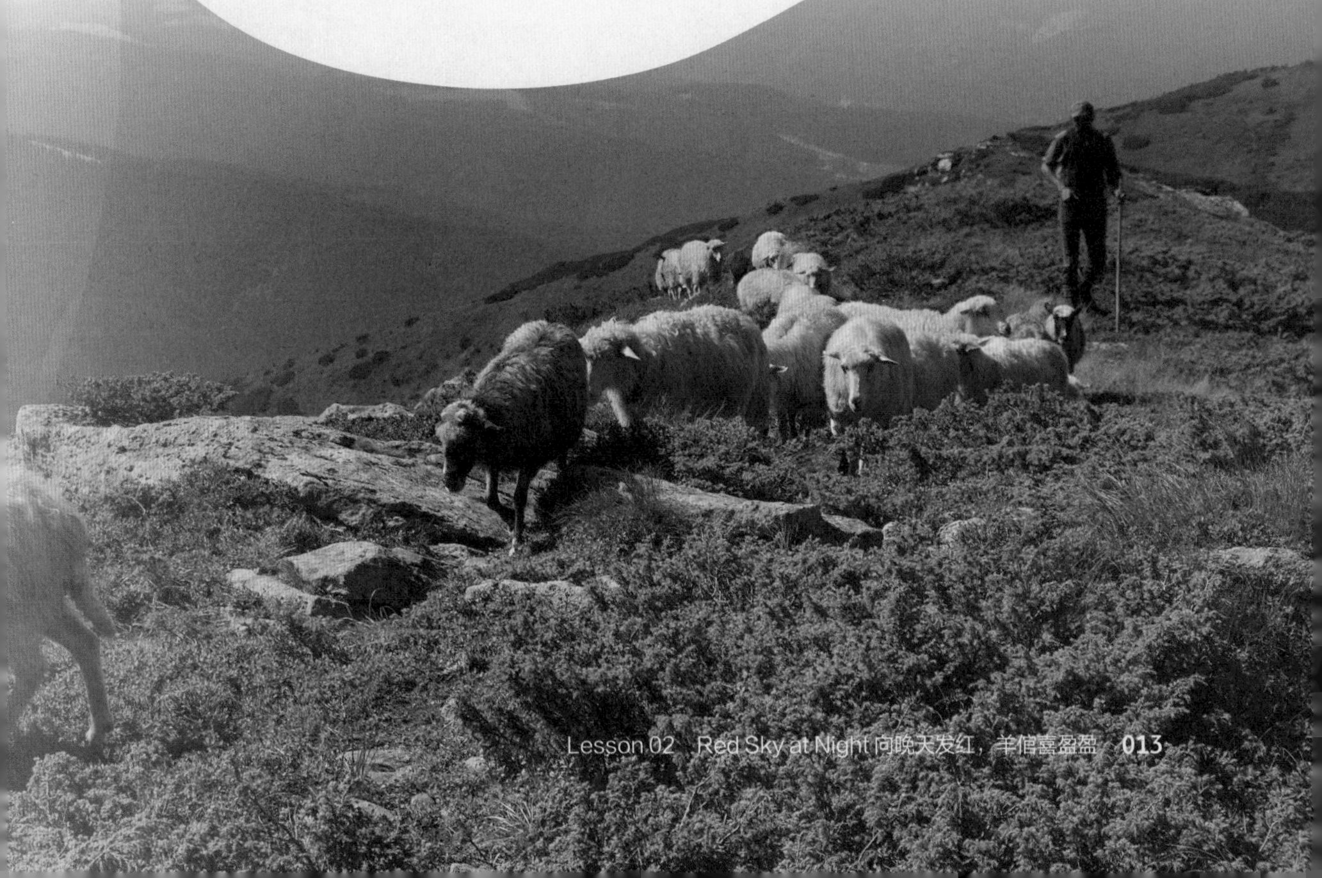

④ delight /dɪ'laɪt/ *n.* 高兴；乐事

Example: The aircraft was a delight to fly.

驾乘这架飞机是一件乐事。

⑤ morning /'mɔ:nɪŋ/ *n.* 早晨，上午

Example: I get up at six in the morning.

我早上六点起床。

⑥ warning /'wɔ:nɪŋ/ *n.* 警示，提醒；预告，预兆

Example: Let me give you a word of warning.

我来提醒你一句。

Red Sky at Night

Red sky at <u>night</u>,

Shepherd's <u>delight</u>;

Red sky in the <u>morning</u>,

Shepherd's <u>warning</u>.

注：下划线颜色相同的单词互为押韵。

Lesson 03

揭秘歌谣里的韵律美
——神奇的辅音组合（1）

歌谣里的韵律美

Jack, Be Nimble

Jack, be nimble,

Jack, be quick,

Jack, jump over

The candlestick.

重要句型

祈使句

祈使句是英语的基本句型之一，表达说话人对对方的叮嘱、劝告、请求或命令等，往往有请求、命令、希望、禁止、劝告等含义。

Let's Sing

Red Sky at Night

Red sky at night,

Shepherd's delight;

Red sky in the morning,

Shepherd's warning.

1 一起来填空。

Red _____ at night,

Shepherd's delight.

2 看图填空。

They are skating under the blue _____.

他们在蓝蓝的天空下滑冰。

3 一起找规律。

观察 sky 和 skating，这两个单词有什么相似点？

_____

_____

4 一起来总结。

- 单词的开头都出现了 sk 辅音字母组合。
- sk 辅音字母组合的发音都是 /sk/。

还有哪些包含 s 的
辅音字母组合呢？

Let's Explore—Consonant Blends

1 一起找规律。

单　词	相似点
scale　　score screen　　scan	1) _____ 2) _____
spring　　spray sprout　　sprat	1) _____ 2) _____
splash　　splint split　　splice	1) _____ 2) _____
string　　strong strike　　street	1) _____ 2) _____
square　　squid squeeze　　squirrel	1) _____ 2) _____

2 一起来总结。

- 第一组单词中，单词开头都出现了 SC 辅音字母组合；
  SC 辅音字母组合的发音是 /sk/。

- 第二组单词中，单词开头都出现了 spr 辅音字母组合；
  spr 辅音字母组合的发音是 /spr/。

- 第三组单词中，单词开头都出现了 spl 辅音字母组合；
  spl 辅音字母组合的发音是 /spl/。

- 第四组单词中，单词开头都出现了 str 辅音字母组合；
  str 辅音字母组合的发音是 /str/。

- 第五组单词中，单词开头都出现了 squ 辅音字母组合；
  squ 辅音字母组合的发音是 /skw/。

通过以上观察，我们发现：以上辅音字母组合分别是由辅音字母 s 和 c, pr, pl, tr, qu 组合而成。

③ 词汇。

_ _unk

de_ _

_ _hool

_ _reen

_ _ _ing

_ _ _at

_ _ _ash

_ _ _int

_ _ _eet

_ _ _ing

_ _ _are

_ _ _id

Let's Chant

Skunk skunk desk desk
There is a skunk on the desk.
Street street string string
There is a string on the street.
Spring spring sprat sprat
Can you see sprats in spring?

Let's Practice

❶ 将图片与单词进行连线。

　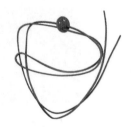　

spring　　skunk　　street　　square　　string

② 看图写单词。

s q i u d

_____

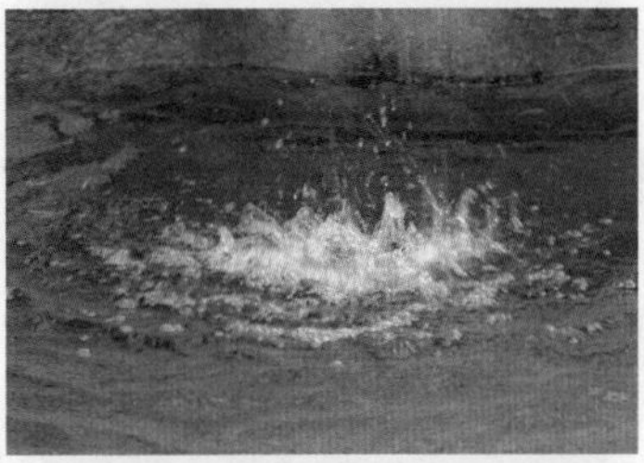

s l p a s h

_____

p s a r t

_____

c r s e e n

_____

d s k e

_____

❸ 根据图片选择正确的句子，在其对应的方框里打√。

I go to the park in spring.　☐

I go to the park in string.　☐

The cat plays with a long spring.　☐

The cat plays with a long string.　☐

Do you like squares?　☐

Do you like squids?　☐

They go to school together.　☐

They go to screen together.　☐

She writes on the desk.　☐

She writes on the skunk.　☐

Lesson 04

One, Two, Buckle My Shoe
蕾丝女工的一天

看一看，填一填

英语中 put on, wear 和 dress 都含有"穿，戴"的意思，它们之间有什么区别吗？请根据图片与含义在对应的横线上填入恰当的词。

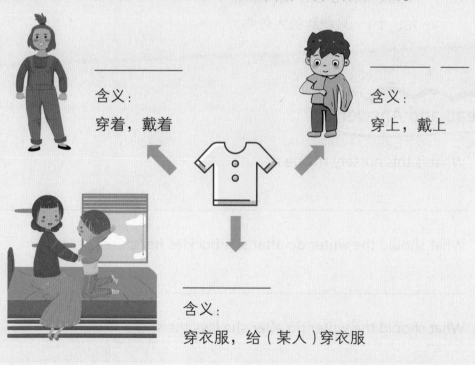

含义：
穿着，戴着

含义：
穿上，戴上

含义：
穿衣服，给（某人）穿衣服

One, Two, Buckle My Shoe

One, two, buckle my shoe;
一、二，扣上我的鞋；

Three, four, knock at the door;
三、四，敲敲门；

Five, six, pick up sticks;
五、六，捡起小木棍；

Seven, eight, lay them straight;
七、八，把它们放直；

Nine, ten, a big fat hen.
九、十，一只肥胖的大母鸡。

Read and Answer

1. What is this nursery rhyme about?

_____

2. What should the writer do after she buckles her shoe?

_____

3. What should the writer do after she lays the sticks straight?

_____

蕾丝女工的一天

这是一首著名的英文数字歌谣，记述的人物和内容可以追溯到 16 世纪的欧洲。当时的欧洲有一项重要的手工产业——蕾丝制造业。这项产业因当时欧洲贵族巨大的蕾丝着装需求而蓬勃发展。因此很多女工到蕾丝工厂工作，编织供贵族使用的蕾丝。

蕾丝的制作是一个很复杂的过程，需要按照一定的图案用丝线或纱线编结而成。制作时需要把丝线绕在一支支的小梭上面，每支梭织有拇指大小。一个不太复杂的图案需要一个熟练的女工花上一个月或更长的时间才能够完成。

据说这首歌谣记录的是当时蕾丝女工的工作日常：她们每天早上要早早地出门，"One, two, buckle my shoe" 穿上鞋子准备上班；"Three, four, knock at the door" 到了车间敲门进去；"Five, six, pick up sticks" 拿起用来做蕾丝的小木棍，开

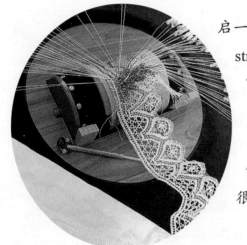

启一天的工作；"Seven，eight，lay them straight"到了下班时间，把小木棍放好；"Nine，ten，a big fat hen"这一天的工作实在是太累了，到家之后拿起一个圆乎乎胖嘟嘟的、像母鸡一样的枕头，倒头就睡。蕾丝女工忙碌的一天是不是很有画面感呢？

我国古诗词中的劳动女性

我国是世界上最早开始生产纺织品的国家之一，相传在炎黄时期，"嫘祖"发明了养蚕缫丝，从此先民开始采桑养蚕，取丝织绸。在漫漫历史长河中，蚕桑与纺织已成为我国农业文化的重要组成部分，我国古代文学作品中有大量描写蚕桑和纺织的诗歌。

乐府诗中有一首名篇《陌上桑》，它记录的是一位采桑女的故事。《陌上桑》里写道："日出东南隅，照我秦氏楼。秦氏有好女，自名为罗敷。罗敷喜蚕桑，采桑城南隅。"罗敷是我国古代善于养蚕也喜欢采桑的女子之一。

另一首广为流传的乐府诗《木兰诗》记述了木兰女扮男装，替父从军，征战沙场，凯旋回朝，建功受封，辞官还家的故事，充满了传奇色彩。这首诗虽然以战争为题材，但对一位平民少女的生活场景着墨颇多。诗歌以"唧唧复唧唧"的织机声开篇，展现"木兰当户织"的情景；塑造了木兰既是一位忠于祖国的巾帼英雄，更是一位深爱着亲人的勤劳少女的美好形象。

Useful Words and Expressions

❶ buckle /ˈbʌkl/ v. 扣住，扣紧

Example: These shoes buckle at the side.

这双鞋从侧边扣起来。

❷ knock /nɒk/ v. 敲，击（knock at the door 敲门）

Example: You should knock before you enter.

你进来前应先敲门。

❸ pick up 捡起

Example: She bent down to pick up her book.

她俯身去捡她的书。

❹ sticks /stɪks/ n. 棍；树枝（stick 的复数形式）

Example: He is picking up sticks.

他正在捡树枝。

❺ lay...straight 把……放平；摆在平面上放直

Example: Please lay them straight.

请把它们放好。

❻ fat /fæt/ adj. 肥的，肥胖的

Example: This dress makes me look fat.

这衣服我穿着显胖。

❼ hen /hen/ n. 母鸡

Example: The hen has five chicks.

母鸡有五只小鸡。

One, Two, Buckle My Shoe

One, two, buckle my shoe;

Three, four, knock at the door;

Five, six, pick up sticks;

Seven, eight, lay them straight;

Nine, ten, a big fat hen.

注："⌒" 表示可以连读；下划线颜色相同的单词互为押韵。

Lesson 05

Baa, Baa, Black Sheep
黑羊咩咩叫

看一看，填一填

我们生活在一个五彩斑斓的世界，下列颜色对应的英语单词你都会拼写吗？

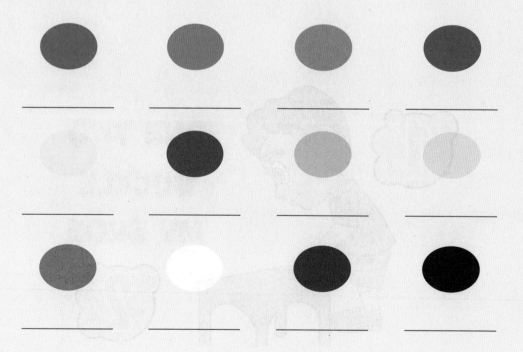

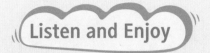

Baa, Baa, Black Sheep

Baa, baa, black sheep,
咩，咩，小黑羊，

Have you any wool?
你有羊毛吗？

Yes, sir, yes, sir,
有的，先生，有的，先生，

Three bags full.
满满的三袋呢。

One for my master,
一袋送给我的男主人，

One for my dame,
一袋送给我的女主人，

And one for the little boy
一袋送给巷子里

Who lives down the lane.
住着的小儿郎。

Read and Answer

1. What is this nursery rhyme about?

_____

2. How many bags of wool did "black sheep" have?

_____

3. Whom did "black sheep" give the three bags of wool to?

_____

小黑羊到底在"叫"什么

温带海洋性气候影响下的英国，气候温和湿润，土地适宜牧草生长，大部分地区适合放牧。因此，英国的牧羊业在天然的有利条件中蓬勃发展。从中世纪到19世纪工业革命之前，羊毛是英国重要的收入来源，羊毛产业对英国经济至关重要。当时英格兰的羊毛驰名全欧洲，出口量非常大。羊毛出口业的繁荣发展，不仅仅吸引了大量商人追逐利润，更是引起了国王爱德华一世的注意。

爱德华一世于1272年即位为英王，当他即位时，英格兰王室的收入只能勉强维持日常开支，如有其他额外花销，国王需要另谋财源。于是这个时期的羊毛出口贸易的发展吸引了国王的视线。1275年，爱德华一世经过议会批准，在伦敦等13个港口以全国统一的税率对英国和外国商人出口的羊毛征收关税。被剥夺了利润的商人们称这项税为"魔鬼之税"。

这首歌谣最早出版于1744年，被认为是与爱德华一世推行的羊毛税有关的政治讽刺诗。"One for my master, one for my dame, and one for the little boy who lives down the lane." 歌谣创作者借用小羊的口吻形象生动地讲述了当时羊毛税征收之重，恰如其分地反映了人们对羊毛税的不满。

black sheep 并不是"黑色的羊"

我们生活在一个五彩斑斓的世界，赤橙黄绿青蓝紫，你最喜欢哪一种颜色？在语言漫长的发展历史中，人们创造了具体的颜色词汇来描述每一种色彩。由于这些词汇简单易学，学习者们很容易"轻视"它们意义的多变性。

（1）black sheep 不是"黑色的羊"

在羊毛产业发展繁荣的英格兰，人们认为黑绵羊的毛不如白绵羊的毛珍贵，因此对牧羊人而言，黑羊毛没有经济价值。如果羊群里出现了一只黑绵羊，牧羊人会觉得黑绵羊给自己带来了不幸。由此，black sheep 引申为"给一个集体，特别是家族带来破坏的人"，俗称"败家子"或"害群之马"。

（2）white elephant 不是 "白色的大象"

在古代暹罗（今泰国），国王喜欢赐给他不喜欢的人一头白象。因为白象曾经被认为是非常神圣的动物，需要喂养特殊的食物。由于饲养成本很高，被国王赏赐白象的人就得花掉所有的钱饲养这只稀有动物。于是常使主人陷入财务危机的 white elephant 被引申为 "昂贵而无用之物"。

（3）yellow dog 不是 "黄色的狗"

黄色容易使人产生愉快、充满希望和活力的感觉，但是它在英语中的引申义却没有那么积极。在英语中，yellow 多指 "胆怯，懦弱"，而 dog 在英语中常常指代人。因此，yellow dog 在英语中的引申义为 "卑鄙的人，懦夫，小人"。

Useful Words and Expressions

1 **black** /blæk/ *adj.* 黑色的，黑的

Example: She was wearing a black dress.

她穿着一条黑色连衣裙。

2 **sheep** /ʃiːp/ *n.* 羊，绵羊

Example: Where are the sheep?

绵羊在哪里？

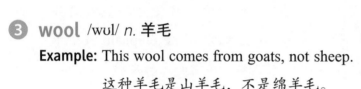

3 **wool** /wʊl/ *n.* 羊毛

Example: This wool comes from goats, not sheep.

这种羊毛是山羊毛，不是绵羊毛。

4 **full** /fʊl/ *adj.* 满的；完整的

Example: The glass was half full. 玻璃杯是半满的。

5 **master** /ˈmɑːstə(r)/ *n.* 主人；雇主

Example: My master was not kind to me.

我的雇主对我不好。

6 **dame** /deɪm/ *n.* 夫人；年长妇女

Example: The dame tell of her experience as a wife and mother.

这位年长妇女讲了她作为妻子和母亲的经验。

7 **lane** /leɪn/ *n.* 小巷；（乡间）小路

Example: The truck backed out of the narrow lane. 卡车退出了狭窄的小巷。

Baa, Baa, Black Sheep

Baa, baa, black sheep,

Have you any wool?

Yes, sir, yes, sir,

Three bags full.

One for my master,

One for my dame,

And one for the little boy

Who lives down the lane.

注："⌒"表示连读；下划线
颜色相同的单词互为押韵。

Lesson 06

揭秘歌谣里的韵律美
——神奇的辅音组合（2）

歌谣里的韵律美

One, Two, Buckle My Shoe

One, two, buckle my shoe;

Three, four, knock at the door;

Five, six, pick up sticks;

Seven, eight, lay them straight;

Nine, ten, a big fat hen.

歌谣韵律美的小奥秘——巧用尾韵

韵是传统诗歌的三大元素之一，诗人雪莱（Percy Bysshe Shelley）在《诗辨》（*A Defence of Poetry*）中曾说："诗的语音必须做到音韵谐美，不然就不能称其为诗。"从某种程度上而言，诗歌的音乐性主要依靠尾韵得以体现。尾韵是押韵修辞手法的形式之一，指词尾音素重复，如上面诗歌中的 two 和 shoe，six 和 sticks。

Baa, Baa, Black Sheep

Baa, baa, black sheep,

Have you any wool?

Yes, sir, yes, sir,

Three bags full.

One for my master,

One for my dame,

And one for the little boy

Who lives down the lane.

1 一起来填空。

Baa, baa, black _____,
Have you any wool?

2 看图填空。

The _____ has a shell.
小绵羊有一个贝壳。

3 一起找规律。

观察 sheep 和 shell，这两个单词有什么相似点？

_____

_____

4 一起来总结。

- 单词的开头都出现了 **sh** 辅音字母组合。
- **sh** 辅音字母组合的发音都是 /ʃ/。

还有哪些包含 h 的
辅音字母组合呢？

Let's Explore—Consonant Blends

1 一起找规律。

单 词		相似点
chair	chess	1) _____
teach	lunch	2) _____
catch	watch	1) _____
fetch	match	2) _____
phone	photo	1) _____
dolphin	elephant	2) _____
white	whale	1) _____
wheel	what	2) _____

2 一起来总结。

- 第一组单词中，单词开头或结尾位置都出现了 **ch** 辅音字母组合；**ch** 辅音字母组合的发音是 /tʃ/。

- 第二组单词中，单词结尾都出现了 **tch** 辅音字母组合；**tch** 辅音字母组合的发音是 /tʃ/。

- 第三组单词中，单词开头或中间都出现了 **ph** 辅音字母组合；**ph** 辅音字母组合的发音是 /f/。

- 第四组单词中，单词开头都出现了 **wh** 辅音字母组合；**wh** 辅音字母组合的发音是 /w/。

通过以上观察，我们发现：ph 辅音字母组合的发音和字母_____的发音是一样的；wh 辅音字母组合的发音和字母_____的发音是一样的。

❸ 词汇。

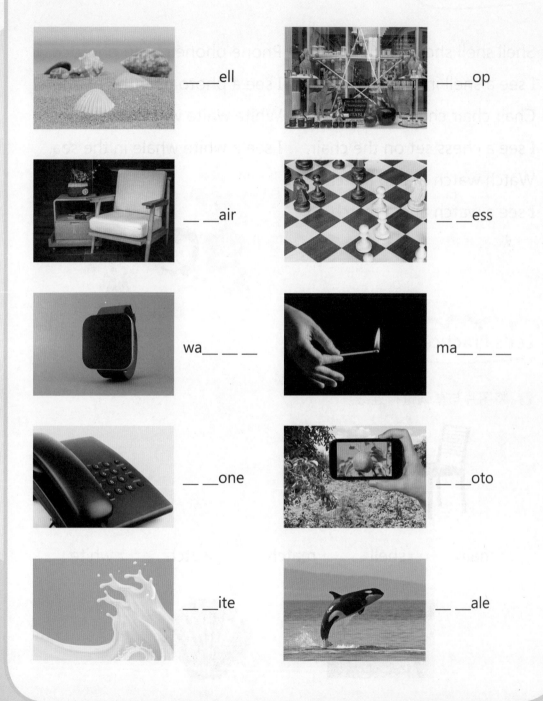

__ __ell

__ __op

__ __air

__ __ess

wa__ __ __

ma__ __ __

__ __one

__ __oto

__ __ite

__ __ale

Let's Chant

Shell shell shop shop

I see a shell in the shop.

Chair chair chess chess

I see a chess set on the chair.

Watch watch match match

I see a watch and a match.

Phone phone photo photo

I see a photo near the phone.

White white whale whale

I see a white whale in the sea.

Let's Practice

① 将图片与单词进行连线。

chair　　shell　　match　　watch　　white

② 看图写单词。

w a h l e

_____

p h t o o

_____

h p o e n

_____

s o h p

_____

c e h s s

_____

❸ 根据图片选择正确的句子，在其对应的方框里打✓。

The snow is white. ☐

The snow is whale. ☐

The snake lives in the sea. ☐

The whale lives in the sea. ☐

They find some shells. ☐

They find some shops. ☐

She has a match. ☐

She has a watch. ☐

He sits on the chair. ☐

He sits on the chess. ☐

Lesson 07

Smiling Girls, Rosy Boys
走街串巷的小货郎

看一看，填一填

在英语中，sugar, sweet 和 candy 都有"糖"的含义，那三者之间有什么区别呢？

英语	汉语	描述
 sugar	_____	甜的结晶状或粉末状物质
sweet（英）	_____	用甜的粉状物质制造的味浓且甜的块状食物
candy（美）	_____	用甜的粉状物质制造的味浓且甜的块状食物

Smiling Girls, Rosy Boys

Smiling girls, rosy boys,
微笑的女孩们，脸蛋红红的男孩们，

Come and buy my little toys;
快来买我的小玩具呀；

Monkeys made of gingerbread
姜饼做的小猴子，

And sugar horses painted red.
还有红色小马糖。

Read and Answer

1. What is this nursery rhyme about?

   _____

2. What does the seller ask girls and boys to do?

   _____

3. What are the seller's toys?

   _____

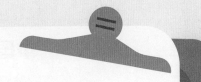

英国街头走街串巷的小货郎

　　这首歌谣的具体创作年份不详，描述的是走街串巷的小货郎沿街兜售商品的情景。走街串巷兜售商品的小货郎对应的英文单词是"higgler"。这些小货郎们没有固定的商店，需要走街串巷售卖一些小物件或者小零食来谋生。为了更好地招揽生意，他们口头创作了大量的叫卖唱词。这些唱词非常有趣，就像诗歌一样押韵，朗朗上口，而且充满了语言的智慧。

　　小货郎把唱词配以一定的节奏和旋律边走边唱，这种方式可以被理解为最经济、最通俗的广告。例如歌谣的第一句就说明了小货郎的客户群体是"男孩和女孩们"，他售卖的商品是男孩和女孩们喜欢的玩具和小零食，有"小猴子形状的姜饼"和"小马形状的糖"等。

中国文化中的"货郎儿"

在我国古代，来往于城乡贩卖日用杂物和儿童玩具的挑担小贩，被称为"货郎儿"。他们沿途敲锣摇鼓，唱着物品的名称以招揽顾客，其所唱的腔调不断被加工定型，被称为"货郎儿"或"货郎太平歌"。由此可知，在我国文化中"货郎儿"既是一种职业名称，也是一种艺术形式。

宋代时期，城市的发展冲破了坊市格局，市民生活日趋丰富，市场交易日益频繁。随着商品经济的发展，宋代的货郎已成为经济活动及社会生活中不可或缺的角色。北宋著名画家张择端的画作《清明上河图》中，挑着担子行走于街头巷尾的货郎随处可见。南宋时期，更有李嵩以货郎为特写的《货郎图》。

藏于北京故宫博物院的《货郎图》描绘的是货郎在乡间售货的场景。村外的一棵柳树下，货郎站在货担中央，手摇蛇皮鼓招徕顾客。货担上装着各色日用品、食品和玩具。除三两童子在挑选货物外，另有几个童子呼朋唤友雀跃而至。这幅《货郎图》笔触细腻优美，被视为南宋商业经济的直观反映。

《水浒传》第七十四回中有一个情节："市井诸行百艺无不通晓的梁山好汉"浪子燕青"，隐姓埋名扮作山东货郎儿赶赴泰安州，参加三月二十八天齐庙会的相扑打擂。"燕青乔装改扮的对象，就是兴盛于宋朝的"货郎儿"。

虽然在城市化的历史洪流中，"货郎儿"逐渐淡出我们的生活，但每当回首品味"货郎儿"这一历史风俗画卷，依然会觉得回味无穷。另外，无论是在我国的商业历史还是广告史上，"货郎儿"都可以称得上是一道独特的风景线。

Useful Words and Expressions

1 smiling /'smaɪlɪŋ/ *adj.* 微笑的；欢快的

Example: She has a pink smiling face.

她有一张粉红的笑脸。

2 rosy /'rəʊzi/ *adj.* （脸颊）红润的，红扑扑的

Example: She had rosy cheeks.

她脸颊红润。

3 gingerbread /'dʒɪndʒəbred/ *n.* 姜饼

Example: One day the old woman was making gingerbread.

一天，老奶奶正在做姜饼。

4 sugar /'ʃʊgə(r)/ *n.* 糖

Example: Did you put sugar in my coffee?

你在我的咖啡里放糖了吗？

5 painted /'peɪntɪd/ *v.* 涂，抹；（给⋯⋯）涂颜料
（paint 的过去式和过去分词）

Example: The walls were painted pink.

这些墙被涂成了粉色。

Smiling Girls, Rosy Boys

Smiling girls, rosy boys,

Come and buy my little toys;

Monkeys made of gingerbread

And sugar horses painted red.

注："⌒"表示连读；下划线
颜色相同的单词互为押韵。

Lesson 08

Punch and Judy
深受欢迎的木偶剧

看一看，填一填

　　木偶剧是一种由演员在幕后操纵木偶进行表演的戏剧形式。木偶剧中的关键元素你了解多少呢？请在图中下划线上填入恰当的序号。

① 木偶剧 puppet show　　② 木偶 puppet　　③ 线 string

④ 指偶 finger puppet　　⑤ 手偶 hand puppet

Punch and Judy

Punch and Judy fought for a pie,
潘趣和朱迪为一块馅饼而战,

Punch gave Judy a blow in the eye;
潘趣朝朱迪的眼睛打了一拳;

Says Punch to Judy, "Will you have more?"
潘趣对朱迪说:"你还想要吗?"

Says Judy to Punch, "No, my eye is too sore."
朱迪对潘趣说:"不,我的眼睛太痛了。"

1. What is this nursery rhyme about?

_____

2. What did Punch and Judy do?

_____

3. What did Punch do to Judy?

_____

深受小朋友们欢迎的木偶剧

这首歌谣的两个主人公 Punch 和 Judy 是英国传统木偶剧 *Punch and Judy Show* 中的角色。

Punch and Judy Show 起源于 17 世纪早期的意大利，1662 年 5 月 9 日，Punch 即潘趣先生在英国首次亮相。根据《牛津英美文化词典》里的解释，Punch（潘趣）长着长长的、弯弯的鼻子和大下巴，他常与妻子 Judy（朱迪）以及剧中其他的人物争吵、打闹和高声叫喊。这和歌谣中描述的 Punch 和 Judy 争斗的场景很相似。但是对于观众来讲，看到剧中角色夸张地打闹，反而会觉得很搞笑，人们常常笑得前仰后翻，所以这种表演也一直深受大家的欢迎。这些人物都是手套式木偶，该剧通常在特定的帐篷里表演。

中国非遗文化——木偶戏

我国木偶戏历史悠久，普遍的观点认为它"源于汉，兴于唐"。

木偶戏的"演员"是双重的。出现在舞台上的"演员"是造型各异的木偶，而在幕后操控木偶且进行表演的那个人才是真正的演员。木偶艺术精美绝伦，令人叹为观止。表演时，演员在幕后一边操纵木偶，一边演唱，并配以音乐。其表演艺术形式多样，根据木偶形体和操纵技术的不同，可以划分为布袋木偶、提线木偶、杖头木偶、铁线木偶等。2006年5月20日，经国务院批准，木偶戏被列入第一批国家级非物质文化遗产名录。

1 fought /fɔːt/ *v.* 打仗，作战；打架（fight 的过去式和过去分词）

Example: As a child she fought with her younger sister.

小时候她跟她的妹妹打过架。

2 gave /geɪv/ *v.* 给（give 的过去式）

Example: Would you please give me a piece of paper?

能给我一张纸吗?

3 blow /bləʊ/ *n.* 猛击，一击

Example: She caught him a blow on the chin.

她一拳打在他的下巴上。

4 says /sez/ *v.* 说，讲（say 的第三人称单数）

Example: My mum says I can't go.

我妈妈说我不能去。

5 sore /sɔː(r)/ *adj.* 疼痛的；酸痛的

Example: His feet were sore after the walk .

他走路把脚都走疼了。

Punch and Judy

Punch and Judy fought for a pie,

Punch gave Judy a blow in the eye;

Says Punch to Judy, "Will you have more?"

Says Judy to Punch, "No, my eye is too sore."

注："⌒" 表示连读；下划线
颜色相同的单词互为押韵。

Lesson 09

揭秘歌谣里的韵律美
——神奇的辅音组合（3）

Smiling Girls, Rosy Boys

Smiling girls, rosy boys,

Come and buy my little toys;

Monkeys made of gingerbread

And sugar horses painted red.

歌谣韵律美的小奥秘——形容词大妙用

　　形容词是一种用来修饰名词或代词的词类，它的作用是描述或限定名词或代词的特征、性质、状态等。形容词可以用来增强语言的表现力，使语言更加生动、形象、具体。歌谣中形容女孩和男孩的形容词分别是＿＿＿＿＿＿和＿＿＿＿＿＿。

Let's Sing

Smiling Girls, Rosy Boys

Smiling girls, rosy boys,

Come and buy my little toys;

Monkeys made of gingerbread

And sugar horses painted red.

❶ 一起来填空。

_____girls, rosy boys,

Come and buy my little toys.

❷ 看图填空。

There is a _____ girl in the smog.

雾霾中有一个微笑着的女孩。

❸ 一起找规律。

观察 smiling 和 smog，这两个单词有什么相似点？

_____

_____

❹ 一起来总结。

• 单词的开头都出现了 **sm** 辅音字母组合。

• **sm** 辅音字母组合的发音都是 /sm/。

还有哪些以字母 s 为首的辅音字母组合呢？

Let's Explore—Consonant Blends

1 一起找规律。

单　词	相似点
snake　　snow snail　　sneak	1)＿＿＿＿＿＿＿＿＿＿＿＿＿＿ 2)＿＿＿＿＿＿＿＿＿＿＿＿＿＿
spoon　　spot spoil	1)＿＿＿＿＿＿＿＿＿＿＿＿＿＿ 2)＿＿＿＿＿＿＿＿＿＿＿＿＿＿
swim　　swing sweet　　swan	1)＿＿＿＿＿＿＿＿＿＿＿＿＿＿ 2)＿＿＿＿＿＿＿＿＿＿＿＿＿＿
stop　　stamp stick　　stone	1)＿＿＿＿＿＿＿＿＿＿＿＿＿＿ 2)＿＿＿＿＿＿＿＿＿＿＿＿＿＿

2 一起来总结。

- 第一组单词中，单词开头都出现了 **sn** 辅音字母组合；
  sn 辅音字母组合的发音是 /sn/。

- 第二组单词中，单词开头都出现了 **sp** 辅音字母组合；
  sp 辅音字母组合的发音是 /sp/。

- 第三组单词中，单词开头都出现了 **sw** 辅音字母组合；
  sw 辅音字母组合的发音是 /sw/。

- 第四组单词中，单词开头都出现了 **st** 辅音字母组合；
  st 辅音字母组合的发音是 /st/。

通过以上观察，我们发现：以上辅音字母组合分别是由辅音字母_____和辅音字母 n，p，w，t 组合而成。

③ 词汇。

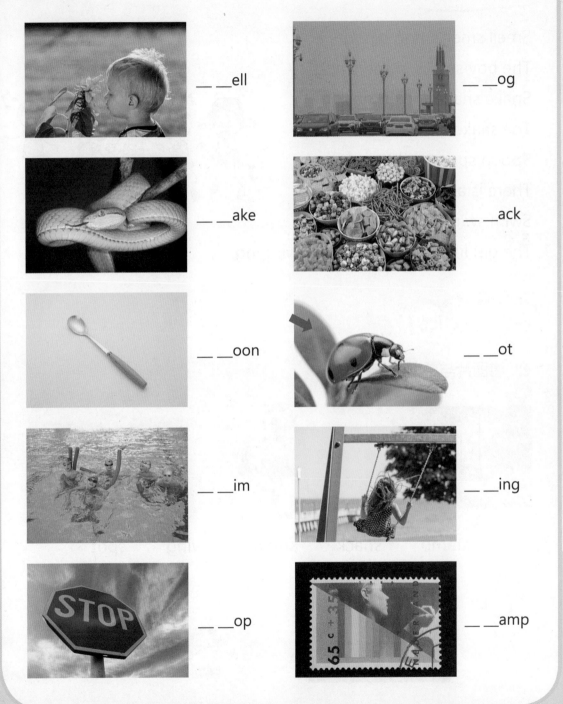

_ _ell

_ _og

_ _ake

_ _ack

_ _oon

_ _ot

_ _im

_ _ing

_ _op

_ _amp

Let's Chant

Smell smell smog smog

The boy smells in the smog.

Snake snake snack snack

The snake sees a snack.

Spoon spoon spot spot

There is a spot on the spoon.

Swim swim swing swing

The girl likes swimming and swinging.

Let's Practice

❶ 将图片与单词进行连线。

stamp   snack   smog   swing   spot

② 看图写单词。

s p t o

_____

o o s p n

_____

n a s e k

_____

s e l l m

_____

w i s m

_____

❸ 根据图片选择正确的句子，在其对应的方框里打 √。

Is that a snake? ☐

Is that a snack? ☐

We can't see clearly in the smog. ☐

We can't see clearly in the sun. ☐

They are swinging. ☐

They are swimming. ☐

There is a spoon on the rug. ☐

There is a spot on the rug. ☐

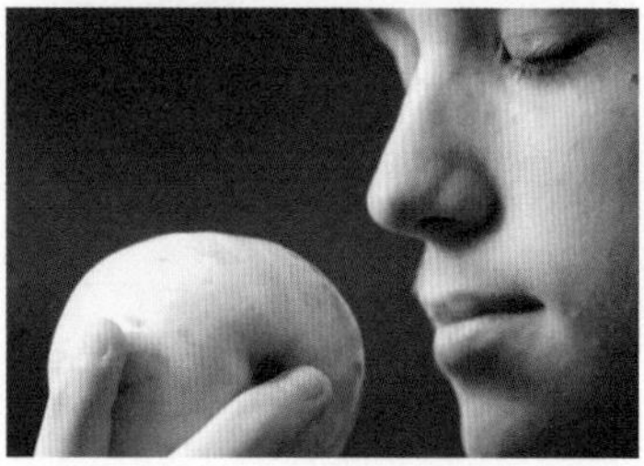

He smells the flower. ☐

He smells the apple. ☐

Lesson 10

Early in the Morning at Eight O'clock 清晨八点钟

看一看，填一填

在英语中，表达职业的词汇存在一个构词规律，那就是把两个词相加组合成一个新词。由这种构词规律组合而成的单词叫作合成词。

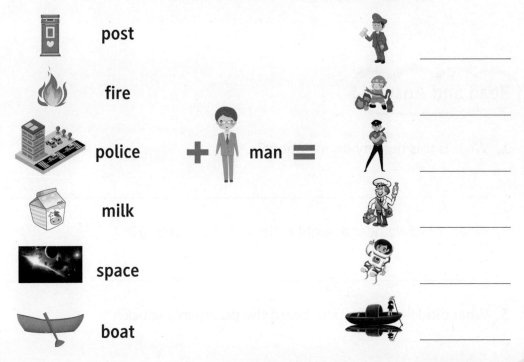

post		_____
fire		_____
police	**+** man **=**	_____
milk		_____
space		_____
boat		_____

Early in the Morning at Eight O'clock

Early in the morning at eight o'clock,
大清早，八点钟，

You can hear the postman's knock;
听到邮差的敲门声，

Up jumps Ella to answer the door,
艾拉跳起来应门，

One letter, two letters, three letters, four!
一封，两封，三、四封（信）!

Read and Answer

1. What is this nursery rhyme about?

_____

2. What could we hear at eight o'clock in the morning?

_____

3. What did Ella do after she heard the postman's knock?

_____

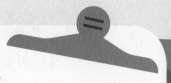
19 世纪的英国邮差

　　这首歌谣的创作年份不详，通过描写小女孩 Ella 清晨八点迫不及待开门的场景，呈现了曾经活跃在伦敦街头的重要职业——postman（邮差）。

　　人类活动离不开信息的传递。自从有了人类的历史，通信活动就已出现。只不过在不同的历史时期，人类传递信息的方式不同。1979 年，英国发行了一套 4 枚的《邮票发明人罗兰·希尔》邮票。其中一枚"19 世纪的邮差"就再现了 19 世纪初英国的邮递员。19 世纪初，英国的邮政体系尚不完善，邮票还没有被发明，也没有设置邮筒。当时的邮递员需要上街收集信件，他们头戴礼帽，身穿鲜艳的红色外衣，摇动手中金光闪闪的小铜铃，伦敦居民一听到清脆的铃声，便拿着信件和邮资从四方八面赶来交给邮递员。

我国古代的邮驿通信

　　邮驿是中国传统的通信组织形式，现代邮政的前身之一。我国邮驿通信历史悠久，源远流长。早在夏代，有组织的通信活动就已经产生。殷商时期，就已经有了关于通信活动的文字记载。到了周朝，邮驿组织不断完善。那时，在送信的大道上，每隔三四里设有一个驿站，驿站中备有马匹，在送信过程中可以在站里换马换人，使官府的公文和信件能够一站接一站、不停地传递下去。据《周礼·秋官》记载，周王朝设置了主管邮驿和物流的官员"行夫"，对其职责要求是"虽道有难，而不时必达"。

　　我国邮驿制度经历了春秋、汉、唐、宋、元各个朝代的发展，一直到清朝中叶才逐渐衰落，后被现代邮政取代。嘉峪关魏晋墓出土的彩绘《驿使图》，客观真实地记录了1600多年前这一地区的邮驿情形，被认为是我国发现的最早的古代邮驿形象资料。

1 early /ˈɜːli/ *adj.* 早的，提早的

Example: I woke up early this morning. 我今天早上醒得早。

2 o'clock /əˈklɒk/ *abbr.* ……点钟（等于 of the clock）

Example: Wake up! It's eight o'clock. 醒醒吧！已经八点钟了。

3 hear /hɪə(r)/ *v.* 听到，听见

Example: I can hear someone calling. 我听见有人在呼叫。

4 postman /ˈpəʊstmən/ *n.* 邮递员，邮差

Example: Are you a postman? 你是邮递员吗？

5 knock /nɒk/ *n.* 敲门声

Example: They heard a knock at the front door.

他们听见前门有敲门声。

6 jump /dʒʌmp/ *v.* 跳，跃

Example: Can you jump that high? 你能跳那么高吗？

7 answer /ˈɑːnsə(r)/ *v.* 应门；回答

Example: No one answered the door at that time.

当时没有人应门。

8 letter /ˈletə(r)/ *n.* 信，信函

Example: There's a letter for you. 有你一封信。

Early in the Morning at Eight O'clock

Early in the morning at eight o'clock,

·You can hear the postman's knock;

Up jumps Ella to answer the door,

One letter, two letters, three letters, four!

注：下划线颜色相同的
单词互为押韵。

Lesson 11
Milkman, Milkman, Where Have You Been
不准时的送奶工

看一看，填一填

你知道哪些关于身体部位的英语单词?

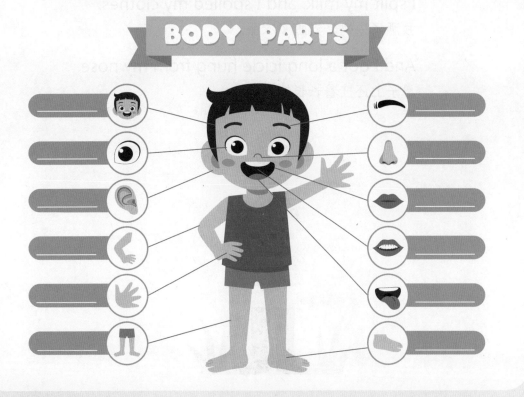

BODY PARTS

Milkman, Milkman, Where Have You Been

Milkman, milkman,
送奶工，送奶工，

Where have you been?
你去哪儿了？

In Buttermilk Channel up to my chin.
巴特米尔克海峡的海水都漫到我下巴了。

I spilt my milk, and I spoiled my clothes.
我洒了牛奶，弄脏了衣服。

And I got a long icicle hung from my nose.
鼻子上还挂着长长的冰柱。

Read and Answer

1. What is this nursery rhyme about?

_____

2. Where had the milkman been?

_____

3. What happened to the milkman?

_____

巴特米尔克海峡（Buttermilk Channel）

这首歌谣的创作年份不详。通过歌谣中出现的 Buttermilk Channel 即巴特米尔克海峡，可以推测出歌谣描述的故事发生在美国纽约。

巴特米尔克海峡是纽约市上纽约湾的一个小潮汐海峡，将总督岛和布鲁克林分开。航道并不宽广（约 1 英里长、0.25 英里宽），但水流湍急。

有关巴特米尔克海峡名字的起源有两个说法。第一种说法认为，曾经有奶农乘船渡过海峡去对岸的曼哈顿市场出售新鲜的牛奶，因航道水流湍急，奶农和牛奶在船上来回颠簸，以至于当奶农抵达曼哈顿时，他们所带的牛奶已经被搅拌成了黄油。第二种说法认为，纽约人曾对巴特米尔克海峡进行过航道疏浚，但是在疏浚之前，奶农常常在退潮时把奶牛赶到总督岛上吃草。美国著名诗人沃尔特·惠特曼（Walt Whitman）曾在报纸上发表有关布鲁克林历史的文章中写道，"直到独立战争时期，人们才把奶牛从布鲁克林赶过现在的巴特米尔克海峡，运到总督岛。"

送奶工的兴衰

　　这首歌谣通过两个角色的一问一答向我们讲述了一个有趣的故事。这两个角色分别是订牛奶的顾客和送奶工。因送奶工的迟到，顾客忍不住质问："Where have you been?"送奶工通过夸张的方式向顾客讲述自己悲惨的经历，以求得顾客的原谅。歌谣中的送奶工曾是美国街头风靡一时的职业。

　　随着美国工业化的发展，越来越多的人从乡村涌进城市。日益繁忙的城市生活和狭小的生活空间，使得人们没有机会自养家庭奶牛，于是不得不向当地奶农购买牛奶。日益增长的牛奶需求为送奶工这一职业的出现提供了必要条件。

　　最初的送奶工会带着一个装满牛奶的大金属容器挨家挨户上门送奶，居民们会拿出各种各样的容器来盛装牛奶。后来人们发现这种大金属桶及分装方式很容易导致牛奶被污染。

1885 年，一位名叫赫维·撒切尔（Hervey Thatcher）的药剂师为解决牛奶污染问题，发明了"牛奶保护器"——牛奶玻璃瓶。这种玻璃瓶大大降低了牛奶被污染的风险。当顾客订完牛奶，送奶工会在约定时间把装满牛奶的瓶子送到顾客家门口的指定位置。送奶工在派送牛奶时会沿途回收玻璃瓶，清洗干净后重新使用。据《史密森尼杂志》（*The Smithsonian Magazine*）报道，一些公寓楼会特地安装两英尺高的小门，方便送奶工派送牛奶。由此可见，送奶工对当时城市居民的生活至关重要，是曾风靡一时的职业。

第二次世界大战后，美国开始出现郊区化现象，城市居民不断地向郊区迁移，这就增加了送奶工的派送成本。随着汽车的普及和冰箱的发明，进一步改变了人们采购牛奶的方式。越来越多的人倾向于驾驶汽车到附近的超市购买冷藏牛奶。到了20 世纪 90 年代，美国通过送奶工订购牛奶的需求量下降到不足 1%，这意味着送奶工的时代已经结束了。

Useful Words and Expressions

① **milkman** /'mɪlkmən/ *n.* 送奶工

Example: The milkman is losing his way.

这个送奶工迷路了。

② **buttermilk** /'bʌtəmɪlk/ *n.* 乳酪；脱脂乳

Example: The piglets had the buttermilk and loved it.

小猪喝脱脂乳而且很爱喝。

③ **channel** /'tʃænl/ *n.* 海峡；通道；频道

Example: How long will it take her to swim across the English Channel?

她游过英吉利海峡需要多长时间？

④ **chin** /tʃɪn/ *n.* 下巴

Example: She was up to her chin in salt water.

海水淹到了她的下巴。

⑤ **spilt** /spɪlt/ *v.* 洒出，溢出（spill 的过去式和过去分词）

Example: He spilt a pot of coffee.

他洒了一壶咖啡。

⑥ **spoiled** /spɔɪld/ *v.* 破坏；腐坏（spoil 的过去式和过去分词）

Example: My good dinner is spoiled.

我的佳肴被毁了。

7 icicle /ˈaɪsɪkl/ *n.* 冰柱

Example: As water continues to drip, the icicle grows.

随着水不断往下滴，冰柱的体积也慢慢增大。

8 hung /hʌŋ/ *v.* 悬挂（hang 的过去式和过去分词）

Example: The painting was hung upside down.

这幅画挂颠倒了。

Milkman, Milkman, Where Have You Been

Milkman, milkman,

Where have you been?

In Buttermilk Channel up to my chin.

I spilt my milk, and I spoiled my clothes.

And I got a long icicle hung from my nose.

注："⌒"表示可以连读；下划线颜色相同的单词互为押韵。

Lesson 12

揭秘歌谣里的韵律美
——神奇的辅音组合（4）

歌谣里的韵律美

Milkman, Milkman, Where Have You Been

Milkman, milkman,

Where have you been?

In Buttermilk Channel up to my chin.

I spilt my milk, and I spoiled my clothes.

And I got a long icicle hung from my nose.

歌谣韵律美的小奥秘——修辞方式之夸张

夸张是运用丰富的想象，故意夸大其词或言过其词的修辞手法，其特点是对表达对象进行有目地放大或缩小其形象、特征、作用等，从而渲染和装饰客观事物，以此来取得强调的修辞效果，也就是夸张化。它常用于文学作品和日常生活中，以加强语势，增加表达效果。

Milkman, Milkman, Where Have You Been

Milkman, milkman,

Where have you been?

In Buttermilk Channel up to my chin.

I spilt my milk, and I spoiled my clothes.

And I got a long icicle hung from my nose.

1 一起来填空。

I spilt my milk, and I spoiled my _____.

And I got a long icicle hung from my nose.

2 看图填空。

His _____ are clean today.

今天他的衣服很干净。

3 一起找规律。

观察 clothes 和 clean，这两个单词有什么相似点？

_____

_____

4 一起来总结。

- 单词的开头都出现了 cl 辅音字母组合。
- cl 辅音字母组合的发音都是 /kl/。

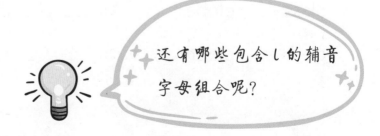

还有哪些包含 l 的辅音
字母组合呢？

Let's Explore—Consonant Blends

❶ 一起找规律。

单　词	相似点
black　　blanket blue　　blond	1) _____ 2) _____
fly　　flag float　　flat	1) _____ 2) _____
glass　　globe glad　　gloom	1) _____ 2) _____

② 一起来总结。

- 第一组单词中，单词开头都出现了 bl 辅音字母组合；
  bl 辅音字母组合的发音是 /bl/。

- 第二组单词中，单词开头都出现了 fl 辅音字母组合；
  fl 辅音字母组合的发音是 /fl/。

- 第三组单词中，单词开头都出现了 gl 辅音字母组合；
  gl 辅音字母组合的发音是 /gl/。

通过以上观察，我们发现：以上辅音字母组合分别是由辅音字母 b，f，g 和辅音字母_____组合而成。

❸ 词汇。

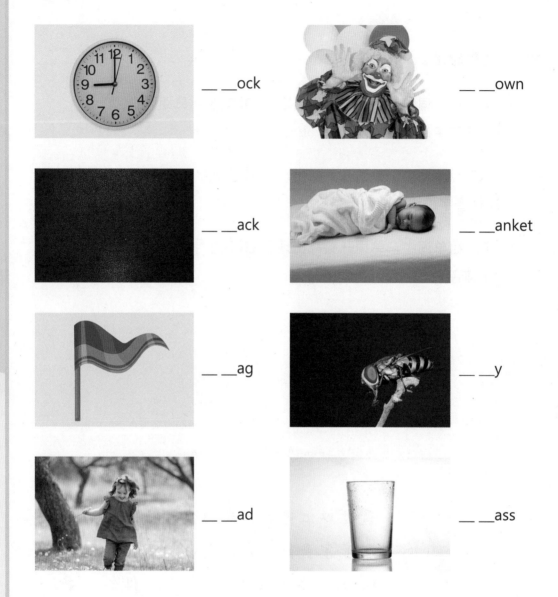

__ __ock

__ __own

__ __ack

__ __anket

__ __ag

__ __y

__ __ad

__ __ass

Clown clown clock clock

The clown has a black clock.

Black black blanket blanket

The boy has a black blanket.

Fly fly flag flag

The fly is on a flag.

Glad glad glass glass

The girl is glad to see a glass.

① 将图片与单词进行连线。

clock   flag   black   glad

❷ 看图写单词。

g s s l a _____

l b a t n k e _____

f y l _____

c o l n w _____

③ 根据图片选择正确的句子，在其对应的方框里打√。

The boy has a glass. ☐

The boy has a blanket. ☐

The clown is sad. ☐

The clown is glad. ☐

The clock says ten. ☐

The clock says six. ☐

There are two flies. ☐

There are two flags. ☐

The man wears a black coat. ☐

The man wears a black clock. ☐

Lesson 13
For Want of a Nail
多米诺骨牌效应

看一看，填一填

　　一词多义是语言的普遍现象，比如本文歌谣里的核心词 lost 在每一行中的含义各不相同。请阅读歌谣并写出下列句子中的 lost 的汉语意思。

英语	汉语
For want of a nail the shoe was <u>lost</u>.	＿＿＿＿＿＿
For want of a shoe the horse was <u>lost</u>.	＿＿＿＿＿＿
For want of a rider the battle was <u>lost</u>.	＿＿＿＿＿＿

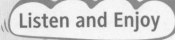

For Want of a Nail

For want of a nail the shoe was lost.
因为少了一颗马蹄钉而掉了那个马蹄铁，

For want of a shoe the horse was lost.
因为掉了一个马蹄铁而失去了那匹马，

For want of a horse the rider was lost.
因为失去了一匹马而缺少了那个骑兵，

For want of a rider the battle was lost.
因为缺少了一个骑兵而输了那场战役，

For want of a battle the kingdom was lost.
因为输了一场战役而丢了整个国家，

And all for the want of a horseshoe nail.
全是因为当初少了一颗马蹄钉啊。

1. What is this nursery rhyme about?

_____

2. What does the phrase "for want of" mean? （　　　）

    A. 因为想要   B. 因为缺少   C. 因为想出去

3. Read again and complete.

For want of a _____ the _____ was lost.	For want of a _____ the _____ was lost.	For want of a _____ the _____ was lost.	For want of a _____ the _____ was lost.	For want of a _____ the _____ was lost.

因为一颗马蹄钉而丢了江山

1485 年，在英格兰中部的博斯沃思荒原上，英格兰国王理查三世要和亨利·都铎进行最后的较量，这次战斗将决定他们二人谁能真正拥有对英格兰的控制权。

决战前夜，双方都在积极备战。理查三世派士兵去准备御驾亲征的战马。士兵接到命令立即赶往马厩，到了马厩发现国王的战马还没有钉好马蹄铁，询问马夫后得知因筹备战事，物资紧缺，已经没有马蹄铁可用。时间紧急，士兵和马夫让铁匠立即打造一个马蹄铁。但是打造马蹄铁的工序十分烦琐，在国王要骑马上战场的时候，铁匠还没来得及给马安装好最后一颗马蹄钉。而正是这颗被忽略的马蹄钉，改变了理查三世的命运。

战场上，理查三世骑着他的战马率领士兵冲锋陷阵。突然，一个马蹄铁脱落，战马仰身跌倒在地，国王理查三世也被重重地摔了下来。一见国王倒下，士兵们就自顾自地逃命去了，整支军队瞬间土崩瓦解。结果可想而知，亨利·都铎获得了这场战役的

胜利，而理查三世则战死沙场。这就是著名的博斯沃思的战役，传说中因为一颗马蹄钉丢失了江山的战役。

多米诺骨牌效应

"失了一颗马蹄钉，丢了一个马蹄铁；丢了一个马蹄铁，折了一匹战马；折了一匹战马，损了一位国王；损了一位国王，输了一场战争；输了一场战争，亡了一个帝国。"由此可见，这是由一颗马蹄钉引起的一连串连锁反应。这种在一个相互联系的系统中，一个很小的初始能量就可能产生一系列连锁反应的现象称为"多米诺骨牌效应"。

许多事情在要发生前，总会有征兆，但是往往被人忽略。一个观察敏锐的人，平日就会去留意周遭的一切事物，并且可以从被观察事物中获得一些启示，而这些启示有可能会帮助人们避免灾难的发生。

据史书记载，战国时期魏国人白圭因善于修堤筑坝，水利经验丰富，而成为魏国专管治水的大臣。白圭要求手下的人每天沿着堤坝巡查，寻找堤坝上的蚂蚁洞穴，只要发现蚂蚁的洞穴就必须立即清除掉。很多人不解，就问他："这么长的堤坝，住几只蚂蚁能怎样呢？为什么非要把蚁穴都清理干净呢？"白圭回答说："千里长堤，要想固若金汤，就不能有一丝的松动和缝隙。别小看了那些小小的蚁穴，它们虽然微小，但聚少成多时就会使得长堤崩溃。为防患于未然，必须见一个蚁穴就要清除一个。"后来，法家代表人物韩非子赞叹："千丈之堤，以蝼蚁之穴溃。"后世据此典故引申出成语"千里之堤，溃于蚁穴"。

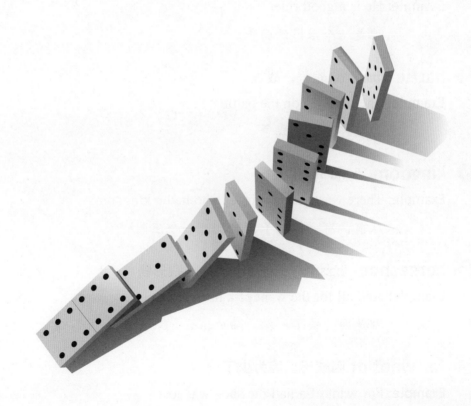

1 nail /neɪl/ *n.* 钉子

Example: She hammered the nail in.

她把钉子敲了进去。

2 horse /hɔːs/ *n.* 马

Example: I saw a girl riding a horse.

我看见一个女孩骑着马。

3 rider /'raɪdə(r)/ *n.* 骑手

Example: He is a good rider.

他是一个很棒的骑手。

4 battle /'bætl/ *n.* 战争，战役

Example: She finally won the battle.

她最终赢得了战争。

5 kingdom /'kɪŋdəm/ *n.* 王国

Example: There was once a prince, who had a kingdom.

从前，有一位王子，他拥有一个王国。

6 horseshoe /'hɔːsʃuː/ *n.* 马蹄铁；马蹄铁形物

Example: And all for the want of a horseshoe nail.

都是因为缺了一颗马蹄钉。

7 for want of 因缺乏，因为少了

Example: For want of a nail the shoe was lost.

因为少了一颗马蹄钉而掉了那个马蹄铁。

For Want of a Nail

For want of a nail the shoe was lost.

For want of a shoe the horse was lost.

For want of a horse the rider was lost.

For want of a rider the battle was lost.

For want of a battle the kingdom was lost.

And all for the want of a horseshoe nail.

注："⌢"表示可以连读；标有下划线的"sh"发音时稍卷舌头。

Lesson 14
Humpty Dumpty
著名的蛋头先生

读一读，填一填

Riddle: What object, if it fell down and broke, could not be repaired even by the most powerful force in the land?

什么东西如果掉下来摔坏了，即使世界上最强大的力量也无法修复？

Answer to the riddle : _____

Humpty Dumpty

Humpty Dumpty sat on a wall,
矮胖子，坐墙头，

Humpty Dumpty had a great fall.
栽了一个大跟斗。

All the king's horses and all the king's men
国王齐兵马，

Couldn't put Humpty together again.
破蛋重圆没办法。

Read and Answer

1. What is this nursery rhyme about?

_____

2. What does "Humpty Dumpty" mean?

_____

3. 请把"Couldn't put Humpty together again"翻译成中文。

_____

4. 请选出和"Couldn't put Humpty together again"
意义不同的成语。（　　）

　　A. 木已成舟

　　B. 覆水难收

　　C. 破镜重圆

为什么是一个鸡蛋？

　　Humpty Dumpty 在英语俚语中被用来指代"又矮又胖的人"。读这首歌谣的时候你会发现，整首歌谣里没有明确提到鸡蛋，但为什么插图和相关影视动画中会出现一个拟人化的鸡蛋形象呢？这和世界著名儿童文学家刘易斯·卡罗尔有直接关系。刘易斯·卡罗尔于1871年出版的儿童文学作品《爱丽丝镜中奇遇记》展现了他独特的奇幻文风，他在这本书里描述了一个长得像鸡蛋一样的胖墩儿，书里描写道："However, the egg only got larger and larger, and more and more human; when she had come within a few yards of it, she saw that it had eyes and a nose and mouth; and when she had come close to it, she saw clearly that it was Humpty Dumpty..."这本小说对 Humpty Dumpty 形象的刻画定格了后来人们对 Humpty Dumpty 形象的看法。从那以后，每当有人通过插画或动画影视了解这首歌谣时，他们都会立刻联想到一个摇摇晃晃的像鸡蛋一样的人坐在墙上。

有可能是一门大炮

  这首歌谣最早出现在 1797 年，早于刘易斯·卡罗尔爱丽丝系列作品 70 多年，因此它的灵感起源很有可能不是一个鸡蛋。关于它的起源有着不同的说法，其中较为普遍的说法认为 Humpty Dumpty 最早是一门军事大炮。

  1648 年英国内战即将结束，为阻止议会军队的进攻，国王查理一世让士兵们在科尔切斯特的城墙上驻扎了几门大炮，其中一门大炮的绰号叫 Humpty Dumpty。正如歌谣所暗示的那样，这门大炮所在的城墙遭受了大量的炮火，城墙倒塌，大炮滚落，立刻摔成了几块。尽管国王的士兵尽了最大的努力，最终也没有把这门大炮修复好。大炮无法使用，守城失利，国王的军队最终输掉了这场战争。

  到了 18 世纪，这首歌谣演变成了谜语，谜底就是"鸡蛋"。

英语影视作品中的黄金配角

Humpty Dumpty 是英语文学及影视作品中家喻户晓的黄金配角，他的形象出现在了《玩具总动员》和《穿靴子的猫》等影视作品中。

- 《玩具总动员》：蛋头先生在这部电影中名叫 Mr. Potato Head，他是一个爱说俏皮话、代表普通大众意见的老好人，偶尔会做一些费力不讨好的事儿。蛋头先生有一项本领"化整为零大法"，因他经常帮忙帮不到位，身板也不强壮，经常被撞得七零八落，满地找牙，不过一会儿他就能"化零为整"，恢复如初了。

- 《穿靴子的猫》：电影巧妙地结合了《杰克与魔豆》《贼公贼婆杰克与吉尔》《矮蛋先生》三个在欧洲家喻户晓的故事，让穿靴子的猫 Puss 和他的好朋友 Humpty Dumpty 一起上演了一个荡气回肠、悲喜参半的西部故事。

Useful Words and Expressions

1 **sat** /sæt/ *v.* 坐（sit 的过去式和过去分词）

Example: He sat down quietly. 他静静地坐了下来。

2 **wall** /wɔːl/ *n.* 墙壁，围墙

Example: The fields were divided by stone walls. 这些田地由石墙分隔开。

3 **great** /greɪt/ *adj.* 大的，巨大的

Example: People were arriving in great numbers. 人们大批地到来。

4 **fall** /fɔːl/ *n./v.* 落下；跌倒

Example: One of the kids fell into the river. 小孩中有一个掉进了河里。

5 **men** /men/ *n.* 男人；人类（man 的复数形式）

Example: The two men exchanged glances. 那两个人交换了眼神。

6 **put...together** 拼起来，组合

Example: All the king's horses and all the king's men couldn't put Humpty together again. 国王召集所有的战马和士兵都没有办法把 Humpty Dumpty 拼回来。

Let's Sing

Humpty Dumpty

Humpty Dumpty sat on a wall,

Humpty Dumpty had a grea(t) fall.

All the king's horses an(d) all the king's men

Couldn'(t) pu(t) Humpty together again.

注："⌒"表示可以连读；"（ ）"表示吞音，可暂停一下，不发音。

Lesson 15

I Had a Little Nut Tree

我有一棵小坚果树

Preknowledge

看一看，填一填

你知道多少关于果树的英文表达？请把序号填在对应的方框中。

□ 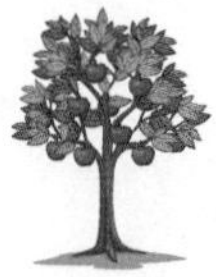

□ 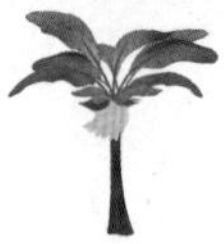

□ 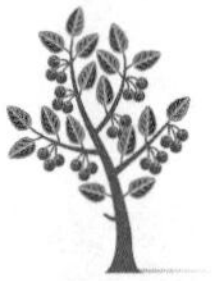

□ 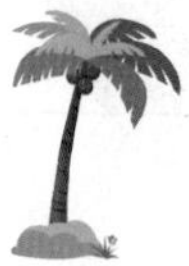

① **apple tree**

② **peach tree**

③ **pear tree**

④ **lemon tree**

⑤ **banana tree**

⑥ **cherry tree**

⑦ **plum tree**

⑧ **coconut tree**

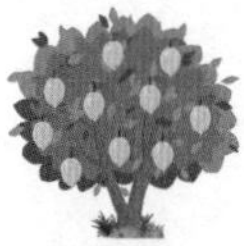 □

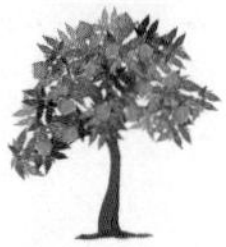 □

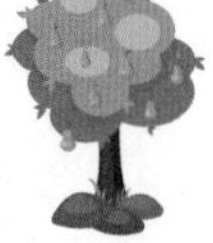 □

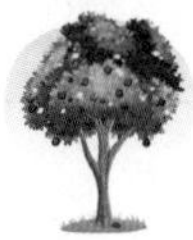 □

I Had a Little Nut Tree

I had a little nut tree,
我有一棵小坚果树，

Nothing would it bear.
什么都不结。

But a silver nutmeg
And a golden pear.
除了一个银豆蔻和一个金色梨。

The King of Spain's daughter
Came to visit me,
西班牙国王的女儿来拜访我，

And all for sake
Of my little nut tree.
都是为了我的小坚果树。

Her dress was made of crimson
Jet black was her hair.
身穿深红色的衣服，头发乌黑发亮。

She asked me for my nut tree
And my golden pear.
她向我要坚果树和我的金色梨。

I said, "So fair a princess
Never did I see;
我说："我从未见过如此美丽的公主，

I will give you all the fruit
From my little nut tree."
我会把小坚果树的果实都给你。"

I skipped over water,
I danced over sea,
我跳过水面，越过海洋，

And all the birds in the air
Couldn't catch me.
天空中所有的鸟儿都抓不到我。

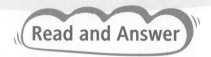

1. What is this nursery rhyme about?

_____

2. Who is the possible narrator（叙述者）of the poem?

_____

3. What is the mood of the poem?

_____

4. How does it make you feel?

_____

王朝联姻

　　不论是东方还是西方，联姻作为一种重要的外交手段，活跃在古代的政治舞台上。联姻外交是指国家的统治者利用与其他政权的婚姻关系在国际关系中争取盟友，打击敌国，最大限度地维护和扩大自身利益的一种外交手段。恩格斯曾经说过："对于骑士或男爵，以及对于王公本身，结婚是一种政治行为，是一种借新的联姻来扩大自己势力的机会。起决定作用的是家世的利益，而决不是个人的意愿。"

西班牙公主嫁入英格兰

　　这首古老的歌谣可以追溯到 18 世纪晚期的歌谣，记录了西班牙阿拉贡的凯瑟琳公主和英格兰的王位继承人亚瑟王子（英格兰国王亨利七世的长子）之间的王朝联姻。

　　阿拉贡的凯瑟琳出生于 1485 年，是西班牙的费迪南和伊莎贝拉的女儿。1501 年，她离开西班牙，嫁给了威尔士王子，即英格兰国王亨利七世的长子亚瑟，并在普利茅斯登陆。婚礼在伦敦举行，不久，凯瑟琳陪同年轻的丈夫前往威尔士。1502 年，16 岁的亚瑟王子在威尔士去世。国王亨利七世为确保西班牙对英格兰的支持，劝说凯瑟琳公主于 1509 年嫁给了亚瑟的弟弟亨利八世。

文成公主进藏

　　文成公主进藏是指唐朝贞观年间，吐蕃赞普松赞干布派遣使者赴长安请婚。唐太宗将远支宗女封为文成公主，下嫁松赞干布。

　　文成公主入吐蕃时，带去了大量医学药材、生产技术等方面的书籍，谷物和蔬菜的种子以及精美雅致的手工作品。文成公主和松赞干布致力于两族的友好共同发展，对汉藏两族的友谊做出了重要贡献。唐朝诗人陈陶的《陇西行》一诗中有云："自从贵主和亲后，一半胡风似汉家。"可见文成公主对吐蕃吸收汉族文化有着非常大的影响，不仅促进了唐朝与吐蕃的文化交流，还增进了汉藏之间的友好交流。松赞干布和文成公主的故事至今还在汉藏民间广为流传。

Useful Words and Expressions

1 **nut tree** 坚果树

Example: I had a little nut tree. 我有一棵小坚果树。

2 **bear** /beə/ *v.* 开花，结果

Example: The little nut tree bore nothing last year.

去年，这棵小坚果树什么果子都没结。

3 **silver** /ˈsɪlvə/ *adj.* 银色的，银的

Example: My mother bought me a silver necklace.

妈妈给我买了一条银项链。

4 **golden** /ˈgəʊldən/ *adj.* 金色的

Example: The golden light gilded the sea.

金色的阳光使大海如金子般闪闪发光。

5 **nutmeg** /ˈnʌtmeg/ *n.* 肉豆蔻

Example: But a silver nutmeg and a golden pear.

除了一个银豆蔻和一个金色梨。

6 **for (the) sake of** 看在……的份上

Example: He gave up smoking for the sake of his health.

为保持身体健康，他戒了烟。

7 **skip** /skɪp/ *v.* 跳过

Example: She skipped happily along beside me.

她连蹦带跳，高高兴兴地跟着我走。

I Had a Little Nut Tree

I had a little nut tree,
Nothing would it bear.
But a silver nutmeg
And a golden pear.

The King of Spain's daughter
Came to visit me,
And all for sake
Of my little nut tree.

Her dress was made of crimson
Jet black was her hair.
She asked me for my nut tree
And my golden pear.
I said, "So fair a princess
Never did I see;
I will give you all the fruit
From my little nut tree."

I skipped over water,
I danced over sea,
And all the birds in the air
Couldn't catch me.

注："⌒" 表示可以连读；注意带下划线的 "ed" 发 /t/ 的音。

Lesson 16

揭秘歌谣里的韵律美
——神奇的短元音（1）

歌谣里的韵律美

For Want of a Nail

For want of a nail the shoe was lost.

For want of a shoe the horse was lost.

For want of a horse the rider was lost.

For want of a rider the battle was lost.

For want of a battle the kingdom was lost.

And all for the want of a horseshoe nail.

歌谣韵律美的小奥秘——修辞手法之反复

反复的基本用法是连续或间隔地使用同一单词、短语或句子，以增强语气和语势。反复的范围很广博，可以是音、词、短语、韵律、内容的反复，也可以是首语反复或尾语反复。通过反复，形成了歌谣的独特韵律感。

Humpty Dumpty

Humpty Dumpty sat on a wall,

Humpty Dumpty had a great fall.

All the king's horses and all the king's men,

Couldn't put Humpty together again.

1 一起来填空。

Humpty Dumpty _____ on a wall.

Humpty Dumpty _____ a great fall.

2 一起找规律。

观察 sat 和 had 两个单词，你发现什么相似点了吗？

_____

_____

3 一起来总结。

- 由 3 个字母组成。

- 中间的字母是元音字母 a。

- a 左右字母 s, t, h 和 d 都属于辅音字母。

我们把符合以上现象的单词中的字母 a 称为"短元音 a"。

Let's Explore—Short Vowel a

1 short vowel a 发音: /æ/。

- 舌尖抵下齿，舌前部最低。

- 双唇向两旁平伸，成扁平形，牙床开得最大。

- 软腭升起，双唇自然开放，上下齿之间的距离相当于一个食指加中指的宽度。

② short vowel a 词汇。

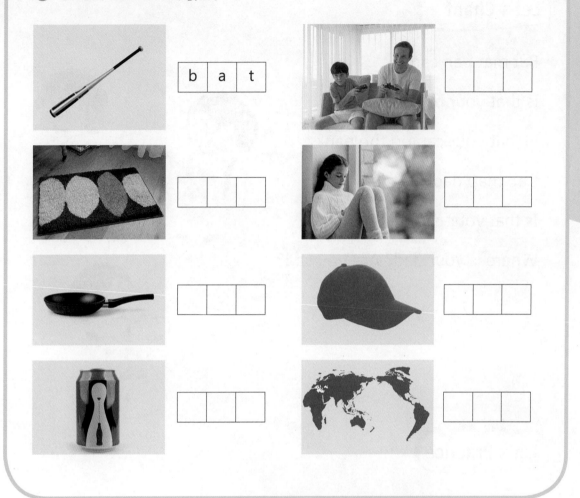

b | a | t

③ 一起来总结。

以上单词的结构都为"辅音（C）+ 元音（V）+ 辅音（C）"，我们称这类单词为 CVC 单词。

Let's Chant

Bat mat pan can

Is that your bat on the mat?

Is that your can on the pan?

Cap map dad sad

Is that your cap on the map?

Where is your dad? Are you sad?

Let's Practice

❶ 圈出押韵的两幅图片。

A. 　　B. 　　C.

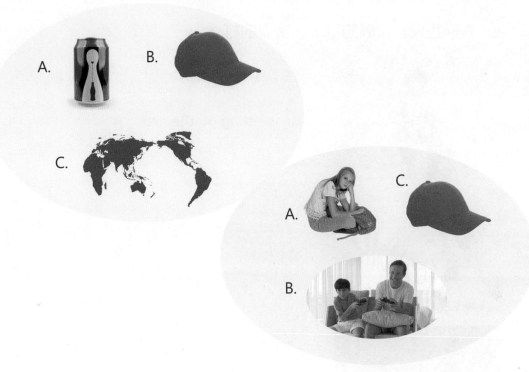

② 将图片与单词进行连线。

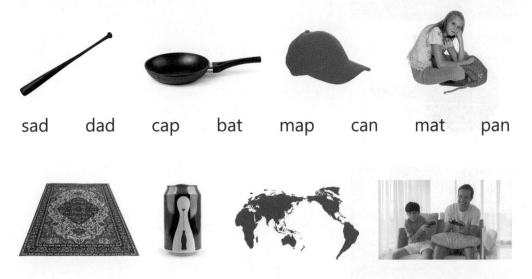

sad   dad   cap   bat   map   can   mat   pan

③ 判断正误，正确的打 √，错误的打 ×。

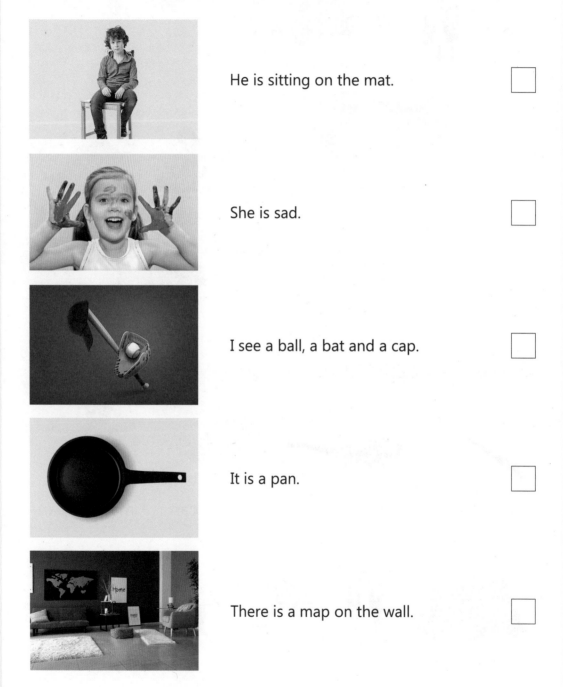

He is sitting on the mat.

She is sad.

I see a ball, a bat and a cap.

It is a pan.

There is a map on the wall.

Lesson 17
Sing a Song of Sixpence
唱一首六便士之歌

看一看，填一填

英语中的名词分为可数名词和不可数名词两种。其中，不可数名词的量的表达需要借助一些词组来完成。请将下面方框里的词组填写在对应的横线上。

a cup of

a bottle of

a glass of

a piece of

a bag of

a bar of

_____ bread   _____ milk   _____ rice

_____ soap   _____ tea   _____ water

Sing a Song of Sixpence

Sing a song of sixpence, a pocket full of rye.
唱一首六便士之歌，黑麦满布袋。

Four and twenty blackbirds baked in a pie.
二十四只乌鸫鸟，烤进一个派。

When the pie was opened, the birds began to sing.
一旦打开乌鸫派，鸟儿就歌唱。

Wasn't that a dainty dish to set before the King?
菜肴美味又特别，全献给国王？

The King was in his counting house, counting all his money.
国王躲在账房里，细细数英镑。

The Queen was in the parlour, eating bread and honey.

王后只能待客厅，面包抹蜜糖。

The maid was in the garden, hanging out the clothes.

女仆奔波在花园，忙着晒衣裳。

Along came a blackbird, and pecked off her nose.

蹦来一只小乌鸫，啄断她鼻梁。

Read and Answer

1. What is this nursery rhyme about?

   _____

2. What was the King doing in his counting house?

   _____

3. What was the Queen doing in the parlour?

   _____

4. What was the maid doing in the garden?

   _____

爱数钱的国王

这是一首脍炙人口的英格兰歌谣，最早出现于1744年。据说这首歌谣里的国王指的是英国都铎王朝君主亨利八世。为加强王权，他征收了大量的土地和财富，因此歌谣中把他描述为"爱数钱"的国王。他虽然过着非常奢侈的生活，但还是时常觉得乏味。厨师们只好想尽各种办法，创作新奇的菜品讨其欢心。歌谣中描述的打开馅饼，里面有活的鸟儿飞出来唱歌的菜肴，就是为了取悦国王而想出的办法。

象征幸运的六便士

　　Sixpence（六便士）是古代英国的一种货币，最早的六便士硬币是在 1551 年爱德华六世统治时期铸造的，一直持续到 1971 年被废弃。虽然 1971 年英国货币改制了，但六便士硬币依然被人们收藏并传承。

　　在英国的文化里，六便士硬币被认为是好运的象征。比如在婚嫁习俗里，对新娘的着装有以下几个要求：Something old, something new, something borrowed, something blue and a lucky sixpence in her shoe. 也就是说，新娘出嫁时，礼服上要有旧、新、借、蓝四种元素，除此之外，新娘的父亲还会把一枚象征幸运的六便士硬币放在新娘左脚的鞋内，作为对新人的美好祝福。

Useful Words and Expressions

1 sing /sɪŋ/ *v.* 唱（歌）

Example: She usually sings in the shower.

她常常边洗澡边唱歌。

2 sixpence /'sɪkspəns/ *n.* 六便士硬币

Example: This book is five shillings sixpence.

这本书定价五先令六便士。

3 rye /raɪ/ *n.* 黑麦，黑麦粉；黑麦威士忌

Example: I was eating ham and Swiss cheese on rye.

我当时正在吃夹火腿和瑞士乳酪的黑麦面包。

④ bake /beɪk/ v.（在烤炉里）烘烤；焙

Example: I'm baking a birthday cake for Alex.

我在给亚历克斯烤生日蛋糕。

⑤ dainty /'deɪnti/ *adj.* 精致的；小巧的

Example: What a dainty dish!

这是多么美味的菜肴！

⑥ parlour /'pɑːlə(r)/ *n.* 客厅；会客室

Example: The parlour overlooks the street.

这客厅可俯瞰街道。

⑦ hang out 挂，挂出

Example: They hang out the flags.

他们挂出了旗帜。

⑧ peck off 啄掉

Example: These birds peck off all the red flowers.

这些鸟啄掉了所有红色的花。

Sing a Song of Sixpence

Sing a song of sixpence, a pocke(t) full of rye.

Four and twenty blackbirds baked in a pie.

When the pie was opened, the birds began to sing.

Wasn'(t) that a dainty dish to set before the King?

The King was in his counting house, counting all his money.

The Queen was in the parlour, eating brea(d) and honey.

The maid was in the garden, hanging ou(t) the clothes.

Along came a blackbird, and pecked off her nose.

注："（ ）"表示不完全爆破；
"⌢"表示可以连读；注意下
划线的"ed"发 /t/ 的音。

Lesson 18
Old Mother Hubbard
哈伯德老妈妈

看一看，填一填

你知道各种厨具的英语表达吗？请将单词序号填在对应图片的方框中。

── In the kitchen ──

① refrigerator

② oven

③ cooker

④ stove

⑤ cupboard

⑥ table

⑦ chair

⑧ pot

Old Mother Hubbard

Old Mother Hubbard
哈伯德老妈妈，

Went to the cupboard,
去到橱柜边，

To fetch her poor dog a bone;
想给她的小狗狗取一根骨头。

But when she got there,
可是当她到了那儿，

The cupboard was bare,
却发现橱柜空空如也，

And so the poor dog had none.
那这只可怜的狗狗什么也没得到。

1. What is this nursery rhyme about?

   _____

2. Where did Old Mother Hubbard go?

   _____

3. Why did Old Mother Hubbard go there?

   _____

4. Did the poor little doggie get anything?

   _____

哈伯德老妈妈和她的小狗

这首歌谣可以追溯到英国都铎王朝的亨利八世统治时期，讲述了哈伯德老妈妈和小狗的故事。小狗饿了，哈伯德老妈妈去橱柜给小狗拿骨头，却发现橱柜里空无一物。这首歌谣的故事虽然简单，但据说它隐含了亨利八世推动改革的起因。

每一部文学作品都有其创作意图，只不过有的作品创作意图明显，而有的意图是隐藏在作品情节之中。作者的创作意图来自两个方面——他所生存的社会和文化情境。

厨具知多少

中国有句话叫"民以食为天"，不管是在古代还是现代，厨房都是家庭的生活重心。要想在厨房里做一顿美味佳肴离不开一套套精美的厨具（kitchenware）。厨具是如何分类的呢？按照用途来分，可以分为以下五大类：

（1）储藏用具：包括食品储藏和器物用品储藏，比如冰箱（refrigerator）、橱柜（cupboard）、储藏柜（cabinet）等。

（2）洗涤用具：包括冷热水的供应系统、排水设备、洗物盆、洗物柜等，比如水槽（sink）、洗碗机（dishwasher）等。

（3）调理用具：包括调理的台面，整理、切菜、配料、调制的工具和器皿，比如切菜板（cutting board）、搅拌机（blender）、榨汁机（juice extractor）等。

（4）烹饪用具：包括炉具、灶具以及烹调时相关的工具和器皿，比如烤箱（oven）、微波炉（microwave oven）、锅（pan）、煎锅（frying pan）、蒸锅（steamer）等。

（5）进餐用具：包括进餐时的用具和器皿等，比如盘子（plate）、碗（bowl）、刀（knife）、叉子（fork）、筷子（chopsticks）等。

Useful Words and Expressions

1 Hubbard /'hʌbəd/ *n.* 哈伯德（人名）

Example: Hubbard was well known for his paintings.

哈伯德因他的画作而知名。

2 cupboard （英） /'kʌbəd/ *n.* 碗柜；食橱

Example: The cupboard is easy to assemble.

这个橱柜容易组装。

3 fetch /fetʃ/ *vt.* （去）拿来

Example: Could you fetch me my bag?

你能帮我去取一下我的包吗？

4 bare （英） /beə(r)/ *adj.* 空的

Example: The fridge was completely bare.

电冰箱里什么也没有。

Old Mother Hubbard

Old Mother Hubbard

Went to the cupboard,

To fetch her poor dog a bone;

But when she got there,

The cupboard was bare,

And so the poor dog had none.

注：下划线颜色
一样的单词互相
押韵，在唱或读
的时候可以感受
其韵律。

Lesson 19
Little Jack Horner Sat in a Corner
非同一般的圣诞甜果派

看一看，填一填

感叹句是用来表达说话者说话时的惊讶、喜悦、愤怒、气愤等思想感情的句子。其结构常由"感叹词 What(How)+ 感叹的部分 + 主语 + 谓语！"构成。

- _____ a lovely cat it is! 多可爱的一只猫啊！

- _____ a nice skirt it is! 多漂亮的一条短裙啊！

- What a clever boy _____ is! 多聪明的一个男孩啊！

- What a beautiful girl _____ is! 多漂亮的一个女孩啊！

- What a cool car _____ _____! 多酷的一辆车啊！

- What a nice day _____ _____! 多美好的一天啊！

Little Jack Horner Sat in a Corner

Little Jack Horner sat in a corner,
小杰克·霍纳坐在角落里，

Eating his Christmas pie;
吃着他的圣诞派；

He put in his thumb, and pulled out a plum,
他把拇指伸进去，拿出一个李子，

And said, "what a good boy am I!"
说道："我真是个好男孩！"

Read and Answer

1. What is this nursery rhyme about?

   _____

2. What was Jack Horner doing?

   _____

3. What did he put in?

   _____

4. What did he pull out?

   _____

   _____

偷梁换柱

《三十六计》或称《三十六策》，是指中国古代三十六个兵法策略。《三十六计》中有一个策略叫作"偷梁换柱"，意思是用偷换的办法，暗中改换事物的本质和内容，以达到蒙混欺骗的目的。据说它出自秦朝的一个历史典故。

秦始皇称帝，自以为江山一统，是子孙万代的家业了。因身体还不错，所以他一直没有立太子，未指定接班人。谁知，在公元前210年，秦始皇在第五次南巡的时候突然一病不起。于是，他连忙召丞相李斯，要李斯传达密诏，立扶苏为太子。扶苏恭顺好仁，为人正派，在全国有很高的声誉。而当时扶苏正在北方率军抵御匈奴。早有野心的赵高看准了这一时机，故意扣压密诏，篡改遗诏，把昏庸无能的胡亥扶为秦二世。赵高未用一兵一卒，用偷梁换柱的手段，为自己今后的专权打下基础，也为秦朝的灭亡埋下了祸根。

其实，在西方也有类似的事件。比如上述歌谣里的 Little Jack Horner 的原型被认为是16世纪英国 Glastonbury 大教区主教的管家 Thomas Horner。有一次，Thomas Horner 被指派在圣诞夜给国王送一份厚礼，这份厚礼是12份英国豪华住宅的地契。可是送到国王那儿的时候，只剩下了11份，少的那一份去哪里了？据说是 Thomas Horner 私藏了。这首歌谣中的 plum 指代的就是这份丢掉的地契，而最后一句"What a good boy am I!"被认为是对 Horner 在获得利益之后内心窃喜的描述。

圣诞节

节日时间

每年的 12 月 25 日是西方人心目中最重要的节日——圣诞节。圣诞节本是一个宗教性的节日，后来逐渐演变成一个庆祝家庭团聚的全民性节日。

节日习俗

- **圣诞树**：圣诞树是圣诞节最重要的元素之一。人们通常使用整棵塔形常青树来制作圣诞树。圣诞节前夕，人们在树上挂满五颜六色的彩灯、玩具、礼物等装饰品，迎接圣诞节的到来。

- **圣诞老人**：圣诞老人是西方老幼皆知的典型形象，一般认为圣诞老人是一位留着银白胡须、和蔼可亲的老人。他头戴红色尖帽，身穿白皮领子的大红袍，腰间扎着一条宽布带。传说圣诞老人在圣诞夜驾着 9 只驯鹿拉的满载着礼品的雪橇，从北方雪国来到各家，由烟囱下来，经过壁炉到房间内，把糖果、玩具等礼物装进孩子们吊在壁炉和床头上的袜子里。

- **圣诞大餐**：圣诞大餐是圣诞节当天的主餐，有的家庭把它安排在中餐，有的安排在晚餐。这顿饭主要是家人聚餐，一般不邀请客人。圣诞大餐的美食主要有：火鸡、烤鹅、布丁以及各类小甜饼等。

1 **Horner** /ˈhɔːnə(r)/ *n.* 霍纳（人名）

Example: I called my old friend John Horner.

我给老朋友约翰·霍纳打了一个电话。

2 **corner** /ˈkɔːnə(r)/ *n.* 角落

Example: A bus appeared around the corner.

一辆公共汽车出现在拐角处。

3 **Christmas** /ˈkrɪsməs/ *n.* 圣诞节

Example: Christmas is still months away.

离圣诞节还有几个月。

4 **thumb** /θʌm/ *n.* 拇指

Example: He caught his thumb in the door.

他的拇指被门夹住了。

5 **plum** /plʌm/ *n.* 李子

Example: The plum season is about to begin.

快到吃李子的季节了。

Little Jack Horner Sat in a Corner

Little Jack Horner sat in a corner,

Eating his Christmas pie;

He put in his thumb, and pulled out a plum,

And said, "What a good boy am I!"

注："⌒"表示可以连读。

Lesson 20

揭秘歌谣里的韵律美
——神奇的短元音（2）

歌谣里的韵律美

Little Jack Horner Sat in a Corner

Little Jack Horner sat in a corner,

Eating his Christmas pie;

He put in his thumb, and pulled out a plum,

And said, "What a good boy am I!"

歌谣韵律美的小奥秘——修辞手法之押韵

押韵是指一个音节的读音在以后音节读音中的重复，或是一个单词的最后一个音节或几个音节在以后音节相应位置的读音重复。押韵主要有头韵、尾韵和中间韵。正是押韵，赋予了诗歌回环往复的声韵之美。

Old Mother Hubbard

Old Mother Hubbard

Went to the cupboard,

To fetch her poor dog a bone;

But when she got there,

The cupboard was bare,

And so the poor dog had none.

1 一起来填空。

But when she _____ there,

The cupboard was bare,

And so the poor _____ had none.

2 一起找规律。

观察 got 和 dog 两个单词，你发现什么相似点了吗？

_____

_____

3 一起来总结。

• 由 3 个字母组成。

• 中间的字母是元音字母 o。

• o 左右字母 g, t 和 d 都属于辅音字母。

我们把符合以上现象的单词中的字母 o 称为"短元音 o"。

Let's Explore—Short Vowel o

1 short vowel o 发音：/ɒ/。

• 口张大。

• 舌身尽量降低并后缩。

• 双唇稍微收圆。

② short vowel o 词汇。

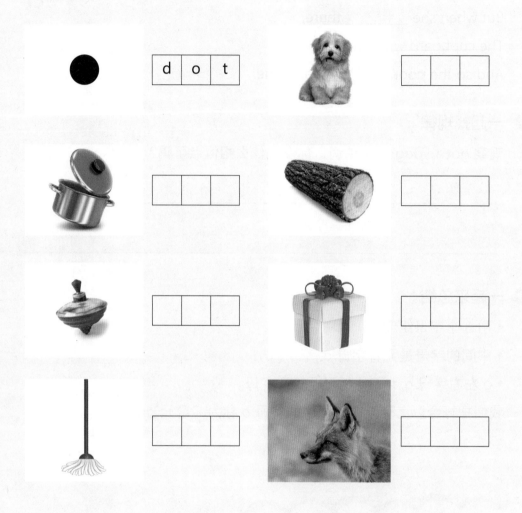

d	o	t

③ 一起来总结。

以上单词的结构都为"辅音（C）+元音（V）+辅音（C）"，我们称这类单词为_____单词。

Dot pot dog log

Here is a dot on a dog.

Here is a pot on a log.

Top mop box fox

Here is a top in a box.

Here is a mop with a fox.

❶ 圈出押韵的两幅图片。

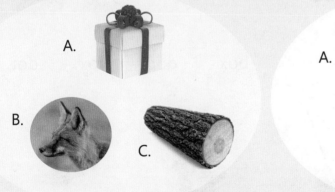

A.

B.

C.

A.

B.

C.

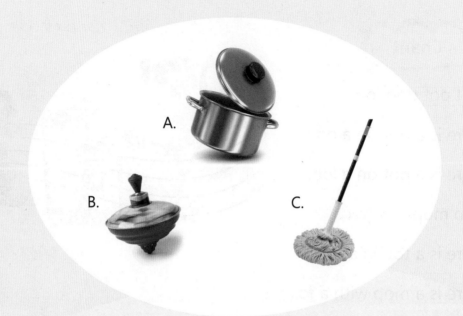

A.

B.

C.

② 将图片与单词进行连线。

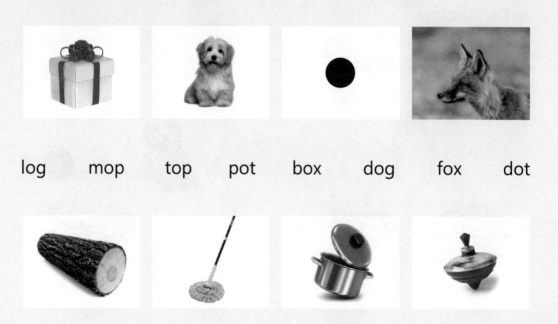

log   mop   top   pot   box   dog   fox   dot

③ 判断正误，正确的打 √，错误的打 × 。

There is a red dot. ☐

Here is a fox in a box. ☐

I can see a dog in a pot. ☐

It is a fox. ☐

The girl is standing on a log. ☐

Lesson 21

Mary, Mary, Quite Contrary
倔强的玛丽

看一看，填一填

法国著名作家罗曼·罗兰说："一个人的性格决定他的际遇。"可见，性格对人生有重要的影响。常见的表示性格特征的词有哪些呢？请将单词序号填入对应图片的圆圈中。

① friendly 友好的　　② kind 和蔼的　　③ honest 诚实的

④ funny 有趣的　　　⑤ lazy 懒惰的　　⑥ selfish 自私的

Listen and Enjoy

Mary, Mary, Quite Contrary

Mary, Mary, quite contrary.
玛丽，玛丽，真倔强。

How does your garden grow?
你的花园是怎样生长的?

With silver bells and cockleshells,
银铃铛，扇贝壳，

And pretty maids all in a row.
漂亮女仆排成行。

Read and Answer

1. What is this nursery rhyme about?

_____

2. What kind of girl is Mary?

_____

3. How does Mary's garden grow?

_____

倔强的玛丽

据说这首歌谣描写的是英国历史上的玛丽一世女王，她的父亲是亨利八世，母亲是阿拉贡的凯瑟琳王后，丈夫是西班牙国王腓力二世。玛丽的童年并不快乐，成长经历坎坷，也许正是因为她早年悲惨压抑的经历才造就了她倔强的性格。

心理学家弗洛伊德说过："一个人的童年将影响其一生！"由此可见童年的重要性。童年的成长经历塑造了一个人的方方面面，特别是性格方面。长大后的性格特点，追溯其形成原因时，总能在童年时期找到痕迹。因此，父母对孩子要多一些耐心和陪伴，给孩子一个幸福温暖的成长环境，这样孩子的性格会更加开朗乐观。

性格词汇知多少

德国哲学家莱布尼茨曾说过："世界上没有两片完全相同的树叶。"同样，世界上也没有两个完全相同的人。我们每个人都有着不同的性格，不同的性格演绎出了不同的人生。生活中，有的人比较体贴，有的人比较幽默，有的人比较乐观。这些形容人性格的英语表达你知道多少呢？

smart	聪明的	open-minded	开明的
active	主动的	generous	慷慨的
creative	富有创造力的	logical	条理分明的
faithful	忠诚的	reliable	可信赖的
confident	自信的	selfish	自私的
humorous	幽默的	lazy	懒惰的
modest	谦虚的	stubborn	顽固的
strict	严格的	smug	自以为是的
responsible	负责的	rude	粗鲁的
careful	细致的	ignorant	无知的
carefree	无忧无虑的	mean	吝啬的
outgoing	外向的	cunning	狡猾的
sensitive	感性的	sly	狡诈的
sensible	理性的	suspicious	怀疑的
conservative	保守的		

1 quite /kwaɪt/ *adv.* 很，相当

Example: He plays quite well.

他表现得相当好。

2 contrary /'kɒntrəri/ *adj.* 相反的；执拗的，倔强的

Example: She is very contrary.

她非常倔强。

3 silver /'sɪlvə(r)/ *adj.* 银色的

Example: Alice has a silver cup.

爱丽丝有一个银杯子。

4 cockleshell /'kɒklʃel/ *n.* 海扇，海扇壳

Example: That is a beautiful cockleshell.

那是一个漂亮的海扇壳。

5 pretty /'prɪti/ *adj.* 漂亮的

Example: You look so pretty in that dress.

你穿那件连衣裙非常漂亮。

6 maid /meɪd/ *n.* 女仆

Example: The maid is doing the housework.

女仆正在做家务事。

Mary, Mary, Quite Contrary

Mary, Mary, quite contrary.

How does your garden grow?

With silver bells and cockleshells,

And pretty maids all in a row.

注：下划线 grow 和 row 两个单词互为押韵；"⌒" 表示可以连读。

Lesson 22
Pussycat, Pussycat
深受百姓爱戴的伊丽莎白一世

Preknowledge

看一看，填一填

猫是最受人们喜爱的宠物之一，小朋友们知道英语中对"猫"的不同称呼吗？

英语	汉语	描述
kitten	_____	通常指刚出生不久，一岁以下的小猫
kitty	_____	常用于口语，不分年龄大小
pussycat	_____	小猫的昵称，也可形容和蔼可亲的人
cat	_____	用来表示所有类型的猫，也可表示猫科动物

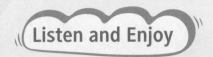

Pussycat, Pussycat

Pussycat, pussycat, where have you been?
小猫咪，小猫咪，你到哪儿去了？

I've been to London to visit the queen.
我去伦敦拜访女王了。

Pussycat, pussycat, what did you do there?
小猫咪，小猫咪，你去那儿干什么了？

I frightened a little mouse under her chair.
我吓走了女王椅子下的一只小老鼠。

Read and Answer

1. What is this nursery rhyme about?

   _____

2. Where has this pussycat been?

   _____

3. What did the pussycat do in London?

   _____

去伦敦拜访女王的小猫咪

据说这首歌谣最早出现于 1805 年，它讲述的是"一只小猫咪去伦敦拜访女王并吓走女王椅子底下一只小老鼠"的故事。歌谣中提及的"女王"，大都认为是指英国历史上著名的伊丽莎白一世女王。伊丽莎白一世女王能力很强，她所统治的时代在英国历史上被称为"黄金时代"。除此之外，她的性格也很和善友好，这首歌谣背后的故事就体现了她的智慧和仁慈，因此这位女王也深受英国民众的爱戴。

如何描述你的旅行经历

在英语中有两个词组特别容易给语言初学者造成困扰，那就是 have been to 和 have gone to。本篇歌谣里就隐含了这两个词组的重要区别。

小猫咪旅行回家后，向别人介绍在伦敦旅行的经历时说："I've been to London to visit the queen."从这句话里我们能体会到，它在讲述旅行的经历，它曾经去了伦敦，现在回到了说话人所在的地点。而 have gone to 则指某人离开了说话人所在的地点，去了一个地方，还没有回来。比如：He's gone to the bank. He should be back soon.（他去银行了。他应该很快就回来了。）

Useful Words and Expressions

1 **pussycat** /'pʊsikæt/ *n.* 猫，小花猫

Example: Tommy put the pussycat in the box.

汤米把猫咪放在盒子了。

2 **visit** /'vɪzɪt/ *v.* 访问，参观

Example: I went back to visit my old school.

我回去拜访了母校。

3 **queen** /kwi:n/ *n.* 女王，王后

Example: She became queen in 1952.

她于 1952 年成为女王。

4 **frightened** /'fraɪtnd/ *v.* 使害怕，吓走（frighten 的过去式和过去分词）

Example: I frightened a little mouse under her chair.

我吓走了她椅子下的一只小老鼠。

5 **mouse** /maʊs/ *n.* 老鼠

Example: A mouse runs by.

一只老鼠跑过去了。

6 **chair** /tʃeə(r)/ *n.* 椅子

Example: He jumped up from his chair.

他从椅子上跳了起来。

Let's Sing

Pussycat, Pussycat

Pussycat, pussycat, where have you <u>been</u>?

I've been to London to visit the <u>queen</u>.

Pusssycat, pussycat, wha(t) did you do <u>there</u>?

I frightened a little mouse under her <u>chair</u>.

注：下划线颜色相同的两个单词互为押韵；"⌒"表示可以连读；"( )"表示可以弱读。

Lesson 23

揭秘歌谣里的韵律美
——神奇的短元音（3）

歌谣里的韵律美

Pussycat, Pussycat

Pussycat, pussycat, where have you been?

I've been to London to visit the queen.

Pussycat, pussycat, what did you do there?

I frightened a little mouse under her chair.

歌谣韵律美的小奥秘——修辞手法之拟人

　　拟人是把事物人格化，将本来不具备人的动作和感情的事物变成和人一样具有动作和感情的样子。拟人化的写法可以使文章更加生动、形象和具体，符合儿童的思维特点和审美情趣，因此在歌谣创作中被广泛运用。

I Had a Little Nut Tree

I had a little nut tree,
Nothing would it bear.
But a silver nutmeg
And a golden pear.

The King of Spain's daughter
Came to visit me,
And all for sake
Of my little nut tree.

Her dress was made of crimson
Jet black was her hair.
She asked me for my nut tree
And my golden pear.
I said, "So fair a princess
Never did I see;
I will give you all the fruit
From my little nut tree."

I skipped over water,
I danced over sea,
And all the birds in the air
Couldn't catch me.

❶ 一起来填空。

I had a little _____ tree, nothing would it bear.

_____ a silver nutmeg and a golden pear.

❷ 一起找规律。

观察 nut 和 but 两个单词，你发现什么相似点了吗？

_____

_____

_____

❸ 一起来总结。

- 由 3 个字母组成。

- 中间的字母是元音字母 u。

- u 左右字母 n, b 和 t 都属于辅音字母。

我们把符合以上现象的单词中的字母 u 称为"短元音 u"。

Let's Explore—Short Vowel u

❶ short vowel u 发音：/ʌ/。

- 舌尖和舌身的两侧自然地轻触下齿。

- 整个舌身在口腔中处于低平状态。

- 舌中部稍稍抬起。

2 short vowel u 词汇。

c	u	t

3 一起来总结。

- 以上两两单词在构词上有着相同的词尾，例如 -ut, -ug, -up，我们把这些相同的词尾叫作 Word Family——词族。
- Word Family 也叫"词块"，相同的词块在不同的单词中，发音通常都是相同的。

前面我们探索了短元音 a、短元音 o 和短元音 u，它们还有两个好朋友，分别是短元音 e 和短元音 i。接下来我们再来探索一下短元音 e 吧。

Let's Explore—Short Vowel e

① short voewl e 发音：/e/。

- 舌尖抵下齿，舌前部稍抬起。
- 上下齿之间可容一个食指。

② short vowel e 词汇。

v	e	t

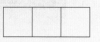

Let's Chant

Leg keg red bed

It is my leg. My leg is on the keg.

It is my bed. My bed is red.

Ten pen vet jet

It is my pen. I have ten.

It is not my jet. It is the vet's jet.

① 圈出没有押韵的图片。

 A.    B.    C.

A.    B.    C.

A.  B.  C.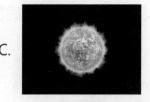

A.  B.  C.

② 将图片与单词进行连线。

   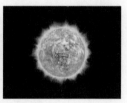

cut　　bug　　ten　　sun　　jet　　cup　　leg　　red

 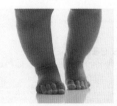  

③ 判断正误，正确的打 √，错误的打 × 。

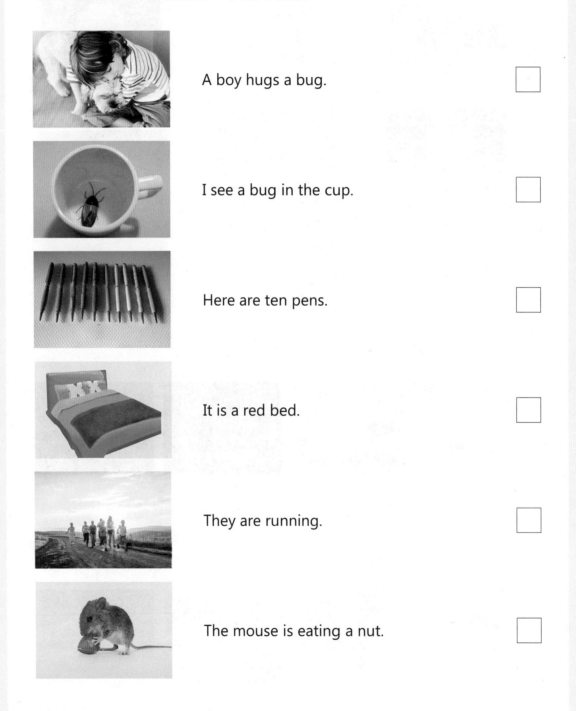

A boy hugs a bug.

☐

I see a bug in the cup.

☐

Here are ten pens.

☐

It is a red bed.

☐

They are running.

☐

The mouse is eating a nut.

☐

Lesson 24
Rain, Rain, Go Away
雨啊，雨啊，快走开

Preknowledge

看一看，填一填

受地理位置和气候的影响，英国天气变化多端，谈论天气成为当地人最常用的日常寒暄方式。那么，常见的天气该如何表达呢？

_____

_____

_____

_____

_____

_____

Rain, Rain, Go Away

Rain, rain, go away,
雨啊，雨啊，快走开，

Come again another day.
改天再来。

Little Johnny wants to play;
小约翰尼想要玩，

Rain, rain, go to Spain,
雨啊，雨啊，去西班牙吧，

Never show your face again!
不要再出现！

 Read and Answer

1. What is this nursery rhyme about?

   _____

2. Who wants to play?

   _____

3. Where does the singer want the rain to go?

   _____

天气对战争的影响

我国古典军事著作《孙子兵法》有云："兵者，国之大事，死生之地，存亡之道，不可不察也。故经之以五事，校之以计，而索其情：一曰道，二曰天，三曰地，四曰将，五曰法。""天者，阴阳、寒暑、时制也。"其中的"阴阳"指的是晴雨、昼夜等天时气象变化；"寒暑"指气温高低；"时制"则是四季时令的更替。由此可见，古人对于天气在军事战争中的影响已经有了初步认知。在古今中外战争史中，巧用气象条件而获胜的战例不胜枚举。

因一场暴风雨而获胜的战争

据说这首歌谣起源于英国都铎王朝最后一位君主伊丽莎白一世统治期间。

伊丽莎白一世时期，英国与西班牙之间的海上竞争日益激烈。1588年，西班牙组织了由130多艘战船组成的无敌舰队远征英国。而当时的英国舰队仅由34艘小型海军舰艇和100多艘商船组成，实力和无敌舰队有相当大的差距。但英国海军更习惯英吉利海峡变幻莫测的天气，他们的舰船速度快，机动性强。于是，英国舰队利用一场海上大风暴，击溃了前进的西班牙船只，这就是著名的英西大海战。在瞬息万变的战场上，一场大风或一场大雨，就有可能彻底扭转战争局势。

草船借箭

　　三国时期，孙刘联军和曹操在赤壁对峙。周瑜嫉妒诸葛亮的才智，想除掉诸葛亮，要他在十日之内造十万支箭。诸葛亮料定近期有大雾，于是只要三天期限，并立下军令状。周瑜认为诸葛亮是自寻死路，他一方面命军匠们不要把造箭的材料准备齐全，另一方面命鲁肃去探听诸葛亮的虚实。

　　诸葛亮向鲁肃借了船、军士、青布幔子和一千多个草把子，还命鲁肃替他保密。两天过去了，诸葛亮一点儿动静都没有。到第三天四更的时候，诸葛亮秘密地请鲁肃一起到船上去，说是一起去取箭。诸葛亮吩咐把船只用绳索连起来向对岸驶去。

　　那天江上大雾弥漫，江上的人面对面都看不清对方。当船只靠近曹军水寨时，诸葛亮命船只一字摆开，叫士兵擂鼓呐喊。曹操以为对方来进攻，又因雾大怕中埋伏，就派六千名弓箭手朝江中放箭，雨点般的箭纷纷射在草靶子上。过了一会儿，诸葛亮又命令船只掉过头来，让船只的另一面受箭。太阳出来了，雾要散了，诸葛亮命令船只赶紧往回行驶。此时顺风顺水，曹操想追也来不及了。这时船两边的草靶子上密密麻麻地插满了箭，每只船上至少五六千支，总共有20只船，箭的总数远远超过了十万支。

1 **rain** /reɪn/ *n.* 雨；下雨

Example: The rain began before sunrise. 雨是在日出前开始下的。

2 **go away** 走开

Example: Don't go away！千万不要走开！

3 **come** /kʌm/ *v.* 来

Example: Can I come too? 我也可以来吗?

4 **again** /əˈgen/ *adv.* 又，再一次

Example: It's good to see you again. 再次见到你真高兴。

5 **wants** /ˈwɒnts/ *v.* 想要（want 的第三人称单数）

Example: She wants to be a teacher. 她想当一名老师。

6 **play** /pleɪ/ *v.* 玩耍

Example: Who wants to play cards? 谁想玩牌?

7 **Spain** /speɪn/ *n.* 西班牙

Example: We had a good time in Spain.

　　　　　　我们在西班牙过得很愉快。

8 **never** /ˈnevə/ *adv.* 决不，永不，不会

Example: You never help me. 你从不帮我。

9 **show** /ʃəʊ/ *v.* 显示，展出

Example: Let me show you my new dress.

　　　　　　给你看看我的新连衣裙。

Rain, Rain, Go Away

Rain, rain, go away,

Come again another day.

Little Johnny wants to play;

Rain, rain, go to Spain,

Never show your face again!

注：下划线颜色相同的
单词互为押韵。

Lesson 25
London Bridge Is Falling Down
历经风霜的伦敦桥

看一看，填一填

建筑是一个国家的文化名片。下列英国著名的标志性建筑你都认识吗？将单词序号填入对应图片的圆圈中。

① **Big Ben** 大本钟　② **London Tower Bridge** 伦敦塔桥

③ **London Eye** 伦敦眼　④ **British Museum** 大英博物馆

⑤ **Buckingham Palace** 白金汉宫　⑥ **Edinburgh Castle** 爱丁堡城堡

⑦ **London Bridge** 伦敦桥

London Bridge Is Falling Down

London Bridge is falling down, falling down, falling down.
伦敦桥要倒了，要倒了，要倒了。

London Bridge is falling down, my fair lady.
伦敦桥要倒了，我美丽的女士。

Build it up with wood and clay, wood and clay, wood and clay.
用木头和黏土再把它盖好，木头和黏土，木头和黏土。

Build it up with wood and clay, my fair lady.
用木头和黏土再把它盖好吧，我美丽的女士。

Wood and clay will wash away, wash away, wash away.
木头和黏土会被冲走，会被冲走，会被冲走。

Wood and clay will wash away, my fair lady.
木头和黏土会被冲走，我美丽的女士。

Build it up with bricks and mortar,
用砖头和灰泥再把它盖好，

Bricks and mortar, bricks and mortar.
砖头和灰泥，砖头和灰泥。

Build it up with bricks and mortar, my fair lady.
用砖头和灰泥再把它盖好，我美丽的女士。

1. What is this nursery rhyme about?

_____

2. What would happen to London Bridge?

_____

3. What would people build London Bridge with if the wood and clay were washed away?

_____

Interesting Facts

历经沧桑的伦敦桥

伦敦桥（London Bridge）是英国伦敦泰晤士河上一座几经重建的大桥，地处伦敦塔附近，连接着南沃克自治市高街和伦敦市的威廉王大街。伦敦桥是伦敦的象征之一，也被称为伦敦的正门。

这首歌谣正是记录了伦敦桥沧桑的历史，这座著名的桥并不像现在看起来这样坚不可摧，历史上的伦敦桥倒塌过多次。1014 年，英格兰国王埃塞尔雷德二世为了阻止丹麦军队的入侵，下令烧毁了伦敦桥，据说这个历史事件直接导致了这首著名歌谣的诞生；1091 年伦敦桥毁于风暴；1136 年又遭遇一次火灾。伦敦桥屡兴屡衰，屡衰屡兴，从木桥到石桥到水泥桥，再到今天的伦敦桥。它见证了英国历史的发展与变迁。

伦敦塔桥

如果你是一个电影爱好者，相信你对伦敦塔桥（London Tower Bridge）并不陌生，许多电影都曾在这里取景，比如《帕丁顿熊 2》和《蜘蛛侠：英雄远征》。

伦敦塔桥是一座高塔式铁桥，因在伦敦塔附近而得名。同样横跨于泰晤士河之上，伦敦塔桥是从河口算起的第一座桥，伦敦桥就在它的上游，两桥仅相距约 1 公里。

19 世纪后期，随着伦敦经济的上升发展，带动了对伦敦桥下游一座穿过泰晤士河的新桥梁的需求。但这座桥不能建成传统的固定桥，因为当时的码头就介于伦敦桥和伦敦塔之间，倘若新桥太低，那么船只便无法抵达码头。

伦敦塔桥开建于 1886 年，历时 8 年建造而成，并于 1894 年 6 月 30 日对公众开放。它将伦敦的南北区连接成一个整体。据悉，有 5 个主要建筑公司、432 名建筑工人参与了这一庞大的工程，两座坚固的桥墩共使用了 7 万吨水泥，桥塔和桥身使用了 1.1 万吨钢铁。桥塔和桥身的钢铁骨架外铺设花岗岩和波特兰石来保护骨架和增加美观。

Useful Words and Expressions

1 **London** /ˈlʌndən/ *n.* （地名）伦敦

Example: I lived in London as a child. 我小时候住在伦敦。

2 **bridge** /brɪdʒ/ *n.* 桥

Example: The bus hit the bridge. 公共汽车撞到了桥上。

3 **fair** /feə/ *adj.* 美丽的

Example: London Bridge is falling down, my fair lady.

伦敦桥要倒了，我美丽的女士。

4 **build** /bɪld/ *v.* 建造

Example: We are going to build a house. 我们打算建造一座房子。

5 **wood** /wʊd/ *n.* 木材

Example: The plate is made of wood. 这个盘子是用木头制成的。

6 **clay** /kleɪ/ *n.* 黏土

Example: I'm going to dig in the clay. 我要去挖黏土。

7 **bricks** /brɪks/ *n.* 砖块（brick 的复数形式）

Example: The houses are made of bricks. 这些房子都是用砖砌成的。

8 **mortar** /ˈmɔːtə(r)/ *n.* 灰泥

Example: Build it up with bricks and mortar, my fair lady.

用砖头和灰泥再把它盖好，我美丽的女士。

Let's Sing

London Bridge Is Falling Down

London Bridge is falling down, falling down, falling down.

London Bridge is falling down, my fair lady.

Build it up with wood and clay, wood and clay, wood and clay.

Build it up with wood and clay, my fair lady.

Wood and clay will wash away, wash away, wash away.

Wood and clay will wash away, my fair lady.

Build it up with bricks and mortar,

Bricks and mortar, bricks and mortar.

Build it up with bricks and mortar, my fair lady.

注："⌒"
表示可以
连读。

Lesson 26

揭秘歌谣里的韵律美
——神奇的短元音（4）

歌谣里的韵律美

London Bridge Is Falling Down

London Bridge is falling down, falling down, falling down.

London Bridge is falling down, my fair lady.

Build it up with wood and clay, wood and clay, wood and clay.

Build it up with wood and clay, my fair lady.

Wood and clay will wash away, wash away, wash away.

Wood and clay will wash away, my fair lady.

Build it up with bricks and mortar,

Bricks and mortar, bricks and mortar.

Build it up with bricks and mortar, my fairy lady.

歌谣韵律美的小奥秘——修辞手法之排比

排比的基本用法是将结构相同或类似、意义相关或并重、语气一致的语言成分排列在一起，达到一种加强语势的效果。排比在歌谣中经常被用到，它能增强语言的节奏感，使其更朗朗上口。

Let's Review

- 有一些单词在构词上有着相同的词尾，我们把这些相同的词尾叫作 _____。
- Word Family 也叫"词块"，相同的词块在不同的单词中，发音通常都是_____。

前面我们分别探索了短元音 a、短元音 o、短元音 u 和短元音 e，接下来我们再来一起探索它们的最后一个好朋友——短元音 i 吧。

Let's Explore—Short Vowel i

① short vowel i 发音：/ɪ/。

- 舌尖抵下齿，舌前部抬高。
- 双唇呈扁形向两旁伸开。
- 发音短促而轻快。

② short vowel i 词汇。

| b | i | n |

❸ 一起来总结。

　　至此，我们一共学习了五个神奇的短元音，它们分别是短元音

a、_____、_____、_____、_____。

Pig pig wig wig

There is a pig.

There is a pig with a wig.

Pin pin bin bin

There is a pin.

There is a pin in the bin.

① 圈出没有押韵的图片。

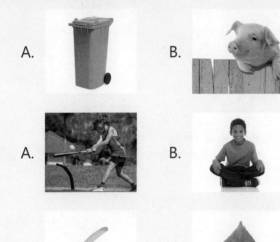

A.　　　　B.　　　　C.

A.　　　　B.　　　　C.

A.　　　　B.　　　　C.

② 将图片与单词进行连线。

pin　　six　　hit　　wig　　sit　　bin　　mix　　pig

③ 判断正误，正确的打 √，错误的打 × 。

There are six pigs. ☐

She is wearing a wig. ☐

They are sitting on the chair. ☐

A bug is on the bed. ☐

I can see a fox and a dog. ☐

The boy is running in the sun. ☐

学歌谣，掌握小学英语核心知识

新课标

全家都爱读^的英文歌谣 练习册

基础

主编 ◎ 焦糖老师

参编 ◎ 李晓慧 魏欣欣

机械工业出版社
CHINA MACHINE PRESS

目 录

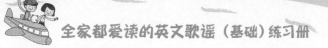

Lesson 01
Jack, Be Nimble

A 本课任务

歌谣回顾

1. 本次课我们学习的歌谣的英文名字是_____。

2. 这首歌谣向我们讲述了Jack玩_____游戏时的场景以及动作要领。跳跃时必须要敏捷（be nimble）且迅速（be quick），才能安全_____ _____（跳过）烛台。

3. 和跳蜡烛相比，另外一种跳跃小游戏"跳房子（hopscotch）"的知名度更高，它的英语单词是由hop和scotch组合而成。其中，_____指单脚跳行，scotch的意思为"划痕"。

词汇回顾

1 读单词，补全词语。

candlestick /ˈkændlstɪk/ *n.* 烛台

c__ __dlestick

candle__ __ick

candlesti__ __

quick /kwɪk/ *adj.* 迅速的，敏捷的

qu__ck

__ __ick

qui__ __

jump /dʒʌmp/ *v.* 跳，跃

j__ __p

__um__

__ __ __ __

nimble /ˈnɪmbl/ *adj.* 敏捷的；
聪敏的

n__ __ble

__ __mble

nim__ __ __

2 看图填空。

rain

+

coat

=

raincoat

_____ + _____ = _____

_____ + _____ = _____

_____ + _____ = _____

_____ + _____ = _____

上面这一类词由_____部分单词组合，这类词在构词法中称作_____。

歌谣重现

填空，将歌谣补充完整。

Jack, Be Nimble

Jack, be _____,

Jack, be _____,

Jack, _____ over

The _____.

B 本课挑战

1 看图，并将单词填写在对应的图片下面。

| walk | jump | stamp | shake |
| slide | dance | twist | run |

_____   _____   _____   _____

_____ _____ _____ _____

2 句子输出：I can...

I can...

Walk, walk, I can _____walk_____.

_____, _____, I can _____.

_____, _____, I can _____.

_____, _____, I can _____.

_____, _____, I can _____.

Tips

I can...表示"我能······"，can是情态动词，译为"能，能够"。can的后面接动词原形。

例如：I can run fast. 我可以跑得很快。

Lesson 02
Red Sky at Night

A 本课任务

歌谣回顾

1. 本次课我们学习的歌谣的英文名字是_____.

2. 歌谣中的牧羊人会根据日出和日落时天空的_____来判断天气。

3. 除了天空之外，_____的生活习性也是古人判断天气的重要依据，它们就是小小的"气象播报员"。

词汇回顾

1 读单词，补全词语。

sky /skaɪ/ *n.* 天，天空

sk__

__ __y

__ __ __

night /naɪt/ *n.* 晚上，夜晚

__ight

nigh__

n__ __ __t

delight /dɪˈlaɪt/ *n.* 高兴；乐事

__ __light

de__igh__

del__ __ __t

morning /ˈmɔːnɪŋ/ *n.* 早晨，上午

__orning

m__ __ning

morn__ __ __

warning /ˈwɔːnɪŋ/ *n.* 警示，提醒；预兆

__arning

w__ __ning

__ar__ing

shepherd /ˈʃepəd/ *n.* 牧羊人

__ __epherd

sh__pher__

sheph__ __d

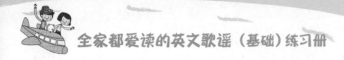

2 词汇运用，请用第1题中的词汇填空。

1) Look at the blue _____. It's very beautiful.

2) We have breakfast in the _____.

3) When do you go to bed at _____?

4) The _____ has many sheep.

5) We can't go this way. Here is a _____.

6) She clapped（鼓掌）her hands in _____.

歌谣重现

填空，将歌谣补充完整。

Red Sky at Night

Red sky at _____,

Shepherd's _____;

Red _____ in the _____,

Shepherd's warning.

B 本课挑战

1 看图，并将词组填写在对应的图片下面。

get up   eat breakfast   play football   eat lunch

eat dinner   read books   go to bed   say good night

_____

_____

_____

_____

_____

_____

_____

_____

2 句子输出：My Wonderful Day

My Wonderful Day

In the morning, I _____ _____ and eat _____.

In the afternoon, I _____ _____ and eat _____.

In the evening, I _____ _____ and eat _____.

At night, I _____ _____ _____ and say _____ _____.

Tips

当我们要描述经常发生的、习惯性的动作或状态时，要使用一般现在时。

例如：I usually go to school by bus.

我经常乘坐公共汽车上学。

She reads books every morning.

她每天早上都读书。

3 你知道下面这些天气谚语吗？快来补充完整吧。

Let's learn more weather lore.		
自然现象	天气谚语	中文翻译
	Tails to the west, the weather's the _____; Tails to the east, the weather's the _____.	牛尾朝西天气好， 牛尾朝东天气糟。
	If bees stay at home, _____will soon come. If they fly away, fine will be the day.	蜜蜂在家，大雨来袭； 蜜蜂远飞，阳光明媚。
	Frogs will sing before the rain, but in the sun they're _____ again.	大雨前的青蛙呱呱叫， 太阳下的青蛙静悄悄。

Do you know more weather lore?		
自然现象	天气谚语	中文翻译

Lesson 04
One, Two, Buckle My Shoe

A 本课任务

歌谣回顾

1. 本次课我们学习的歌谣的英文名字是_____。

2. 这首歌谣记录的是_____女工的工作日常。

3. 我国古代文学作品中有大量描写劳动女性的诗歌，比如乐府诗中有一首

   名篇_____，它讲述的是一位采桑女的故事。

词汇回顾

1 读单词，补全词语。

buckle /'bʌkl/ v. 扣住，扣紧

__uckle

b__ckle

bu__ __le

stick /stɪk/ n. 棍子

st__ck

__ __ick

sti__ __

pick up 捡起

pick __ __

__ __ck up

pi__ __ up

knock /nɒk/ v. 敲，击

kn__ck

__ __ock

kno__ __

lay /leɪ/ v. 安放，放置

__ay

l__ __

__ __ __

hen /hen/ n. 母鸡

__en

h__ __

__ __ __

2 词汇运用，请用第1题中的词汇填空。

1) The boy can _____ his shoe.

2) The boy can _____ at the door.

3) There is a _____. Can you pick it up?

4) The girl can _____ _____ the sticks.

5) The girl can _____ them straight.

6) Look! It is a big fat _____. It has many eggs.

歌谣重现

填空，将歌谣补充完整。

One, Two, Buckle My Shoe

One, two, _____ my shoe;

Three, four, _____ at the door;

Five, six, _____ _____ sticks;

Seven, eight, _____ them straight;

Nine, ten, a big fat _____.

B 本课挑战

1 看图，并将词组填写在对应的图片下面。

> buckle my shoe   shut the door
>
> get on the bus   be a good kid
>
> go back home

_____

_____

_____

_____

_____

全家都爱读的英文歌谣（基础）练习册

2 结合上学日的活动安排，将图片序号填入下列横线。

① ② ③ ④

One, two, _____.

Three, four, _____.

Five, six, _____.

Seven, eight, _____.

Nine, ten, _____.

⑤

3 句子输出：My School Day

My School Day

One, two, _____

Three, four, _____

Five, six, _____

Seven, eight, _____

Nine, ten, _____

016

Lesson 05
Baa, Baa, Black Sheep

A 本课任务

歌谣回顾

1. 本次课我们学习的歌谣的英文名字是＿＿＿＿＿＿＿＿＿＿＿＿＿＿＿＿。

2. 从中世纪到19世纪工业革命之前，＿＿＿＿＿＿＿产业是英国重要的收入来源。1275年，爱德华一世经过议会批准，在伦敦等13个港口以全国统一的税率对英国和外国商人出口的＿＿＿＿＿＿征收关税。

3. 这首歌谣的创作者借用＿＿＿＿＿＿的口吻形象生动地讲述了当时羊毛税征收之重，恰如其分地反映了人们对羊毛税的不满。

词汇回顾

1 读单词，补全词语。

---

black /blæk/ *adj.* 黑色的，黑的

bl__ck

__ __ack

bla__ __

---

full /fʊl/ *adj.* 满的；完整的

__ull

f__ __ __

__ __ __ __

---

sheep /ʃiːp/ *n.* 羊，绵羊

shee__

__ __eep

sh__ __p

---

wool /wʊl/ *n.* 羊毛

w__ __l

__oo__

__ __ __ __

---

have /hæv/ *v.* 拥有

ha__e

h__v__

__ __ __ __

---

lane /leɪn/ *n.* （乡间）小路；小巷

la__e

l__n__

__ __ __ __

---

2 词汇运用，请用第1题中的词汇填空。

1) Look, she is wearing a _____ dress.

2) Can you see _____ over there? They are eating grass.

3) Jack keeps many sheep and he wants to get _____ from them.

4) You can't put anything in the bag. The bag is _____.

5) I have a dog. Do you _____ one?

6) The little boy lives down the _____.

歌谣重现

填空，将歌谣补充完整。

Baa, Baa, Black Sheep

Baa, baa, _____ sheep,

Have you any _____?

Yes, sir, yes, sir,

Three bags _____.

One for my master,

One for my dame,

And one for the little boy

Who lives down the _____.

B 本课挑战

1 看图，并将单词填写在对应的图片下面。

| red | blue | yellow | white |
| black | green | pink | orange |

2 请选择第1题中的词汇填空。

It is a _____ apple.

It is a _____ banana.

It is an _____ flower.

It is a _____ dress.

They are _____ balls.

3 英语俗语知多少。

你知道black sheep的真正含义吗？在羊毛贸易中，黑羊毛的价格远低于白羊毛，因此在牧羊人看来，黑羊没有什么价值。而且黑羊混杂在白羊中间还会吓唬到白羊，因此不受人喜爱的black sheep被翻译为"害群之马"。

读一读下面的俗语，你知道它们真正的含义吗？

 white horse

_____

 white elephant

_____

 dark horse

_____

 green hand

_____

 yellow dog

_____

 blue blood

_____

Lesson 07
Smiling Girls, Rosy Boys

A 本课任务

歌谣回顾

1. 本次课我们学习的歌谣的英文名字是_____。

2. 这首歌谣描述的是走街串巷的_____沿街兜售商品的情景。

3. 宋、元以来，来往于城乡贩卖日用杂物和儿童玩具的挑担小贩，被称为_____。他们沿途敲锣摇鼓，唱着物品的名称以招揽顾客。

4. 北宋著名画家张择端的巨作_____中，挑着担子行走于街头巷尾的货郎随处可见。

词汇回顾

1 读单词，补全词语。

smiling /'smaɪlɪŋ/ *adj.* 微笑的

sm__ling

__ __iling

smil__ __ __

rosy /'rəʊzi/ *adj.*（脸颊）红润的

__ __sy

ro__ __

__ __ __ __

sugar /'ʃʊgə(r)/ *n.* 糖

su__ar

__ __gar

su__ __ __

buy /baɪ/ *v.* 购买

__uy

b__ __

__ __ __

sell /sel/ *v.* 售卖

s__ll

se__ __

__ __ __ __

gingerbread /'dʒɪndʒəbred/ *n.* 姜饼

g__ __gerbread

ginger__ __ead

gingerbr__ __d

2 词汇运用，请用第1题中的词汇填空。

1) She is very happy. Look at her _____ face.

2) He likes to put _____ in his coffee.

3) Mary likes eating _____ on Christmas（圣诞节）.

4) The little boy had _____ cheeks.

5) I'm very hot. I want to _____ one ice cream.

6) He is a toy seller. He wants to _____ toys to kids.

歌谣重现

填空，将歌谣补充完整。

Smiling Girls, Rosy Boys

Smiling girls, _____ boys,

Come and buy my little _____;

Monkeys made of _____

And _____ horses painted red.

B 本课挑战

1 看图，并将单词或词组填写在对应的图片下面。

tall	very tall	short
thin	fat	beautiful
cute	handsome	ugly

_____ _____ _____ _____ _____

_____ _____ _____ _____

2 请选择第1题中的词汇填空。

This boy is very _____.

This girl is very _____.

This man is very _____.

This man is very _____.

This girl is very _____.

3 请根据中文提示填写正确的单词。

She is Mary.

She is _____ （高的）.

She is _____ （漂亮的）.

She wears a _____ （粉色的） T-shirt.

He is Jack.

He is very _____ （矮的）.

He is not _____ （帅气的）.

He wears a _____ （白色的） shirt.

4 请仔细观察一下自己，向你的小伙伴介绍一下自己吧。

My name is _____.

I am _____(tall/not tall).

I am _____(beautiful/handsome/cute).

I wear a _____(dress/T-shirt).

Lesson 08
Punch and Judy

A 本课任务

歌谣回顾

1. 本次课我们学习的歌谣的英文名字是＿＿＿＿＿＿＿＿＿＿＿＿.

2. 这首歌谣的两个主人公Punch和Judy是英国传统木偶剧＿＿＿＿＿＿＿
＿＿＿＿＿＿＿中的主要角色。

3. 我国的＿＿＿＿＿＿＿＿历史悠久，表演艺术形式多样。2006年5月20
日，它被列入第一批国家级非物质文化遗产名录。

全家都爱读的英文歌谣（基础）练习册

词汇回顾

1 读单词，补全词语。

fight /faɪt/ *v.* 打仗；打架

__ight

figh__

f_ _ _ t

gave /geɪv/ *v.* 给（give 的过去式）

__ave

g__v__

_ _ _ _ _

sore /sɔː(r)/ *adj.* 疼痛的

__ore

s__ __ __

_ _ _ _

say /seɪ/ *v.* 说，讲

__ay

s__ __

_ _ _

too /tuː/ *adv.* 太，过于

__oo

t__ __

_ _ _

pie /paɪ/ *n.* 馅饼

__ie

p__ __

_ _ _

2 词汇运用，请用第1题中的词汇填空。

1) My mother _____ me a present yesterday.

2) My throat is too _____.

3) Be quiet. I have something to _____.

4) I don't like summer because it's _____ hot.

5) My mother made an apple _____ yesterday.

6) Don't _____ with your classmates at school.

歌谣重现

填空，将歌谣补充完整。

Punch and Judy

Punch and Judy _____ for a pie,

Punch _____ Judy a blow in the eye;

Says Punch to Judy, "Will you have more?"

_____ Judy to Punch, "No, my eye is too _____."

B 本课挑战

1 看图连线。

painting   reading   cycling   listening to music

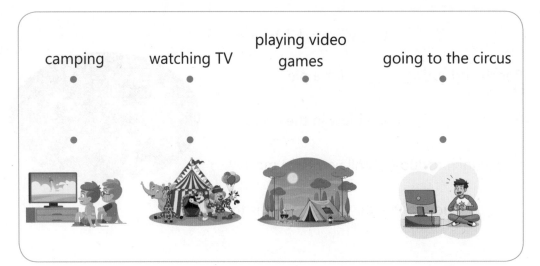

camping   watching TV   playing video games   going to the circus

2 请选择第1题中的词汇填空。

– What do you like doing in your free time?

– I like _____ in my free time.

– What do you like doing in your free time?

– I like _____ in my free time.

– What do you like doing in your free time?

– I like _____ in my free time.

– What do you like doing in your free time?

– I like _____ in my free time.

Tips

① I like doing sth. 表示"我喜欢做某事"。例如：He likes singing. 他喜欢唱歌。

② Things you like doing in your free time is your hobby. 你在空闲时间喜欢做的事情就是你的兴趣爱好。在英语中，hobby可以来表示"兴趣，爱好"；如果你有多个爱好，可以用hobby的复数hobbies来表示。

3 请根据中文提示填写正确的单词或词组。

My name is Lisa.

I am nine years old.

I have a lot of hobbies.

I like _____（阅读）.

I like _____（露营）.

And I like _____（骑自行车）.

4 业余时间你喜欢做什么呢？请写一写。

My name _____

_____

_____

_____

_____

_____

Lesson 10

Early in the Morning at Eight O'clock

A 本课任务

歌谣回顾

1. 本次课我们学习的歌谣的英文名字是_____.

2. 这首歌谣通过描写小女孩Ella清晨八点迫不及待开门的场景，呈现了曾经活跃在伦敦街头的重要职业——_____。

3. 1979年，英国发行了一套4枚的《邮票发明人罗兰·希尔》邮票。其中一枚"19世纪的邮差"再现了19世纪初英国的_____。

4. _____是中国传统的通信组织形式，是现代邮政的前身之一。我国的邮驿通信历史悠久，源远流长。

词汇回顾

1 读单词，补全词语。

hear /hɪə(r)/ *v.* 听到，听见

__ear

h__ __ __

__ __ __ __

knock /nɒk/ *n.* 敲门声

kn__ck

__ __ock

kno__ __

jump /dʒʌmp/ *v.* 跳，跃

__ump

j__ __ __

__ __ __ __

answer /ˈɑːnsə(r)/ *v.* 应门；回答

an__wer

__ __swer

answ__ __

letter /ˈletə(r)/ *n.* 信，信函

l__tter

__ __tter

let__ __ __

postman /ˈpəʊstmən/ *n.* 邮递员，邮差

po__ __man

__ __stman

post__ __ __

2 词汇运用，请用第1题中的词汇填空。

1) We can _____ with our ears.

2) Kangaroos can _____ very high.

3) He couldn't _____ the question.

4) They heard a _____ at the front door.

5) I wrote a_____ to my good friend.

6) A_____ collects（收集）and delivers（递送）letters for people.

歌谣重现

填空，将歌谣补充完整。

Early in the Morning at Eight O'clock

_____ in the morning at eight o'clock,

You can _____ the postman's knock;

Up _____ Ella to answer the door,

One letter, two letters, three _____, four!

B 本课挑战

1 看图，并将单词填写在对应的图片下面。

milkman	postman	fireman
spaceman	fisherman	boatman

_____

_____

_____

_____

_____

_____

2 请用第1题中的词汇填空。

1) A person's job is to collect and deliver letters.

This person is a _____.

2) A person's job is to deliver milk to people's homes.

This person is a _____.

3) A person's job is to put out（扑灭，熄灭）fires.

This person is a _____.

4) A person travels into space.

This person is a _____.

5) A person's job is to catch fish.

This person is a _____.

6) A person's job is to take people across an

area of water in a small boat.

This person is a _____.

3 看图填空。

– What do you want to be when you

grow up?

– I want to be a _____.

– What do you want to be when you grow up?

– I want to be a _____.

– What do you want to be when you grow up?

– I want to be a _____.

Tips

　　询问他人"长大后想做什么工作"，我们可以用"What do you want to be when you grow up?"来表达，在这里grow up是"成长，长大"的意思。回答用"I want to be a +职业"。

4 想一想，写一写。

What do you want to be when you grow up?

_____

_____

_____

_____

_____

_____

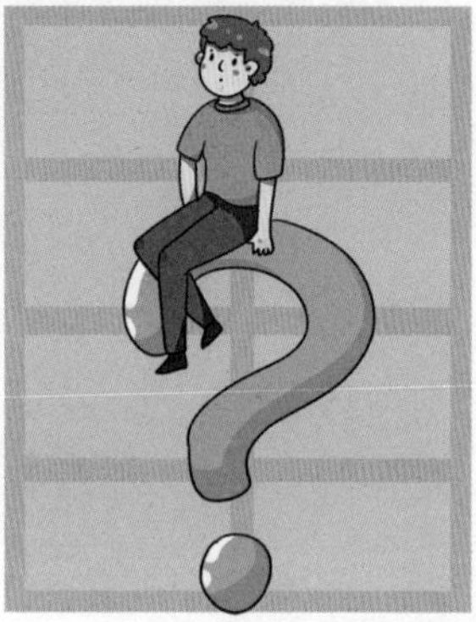

Lesson 11
Milkman, Milkman, Where Have You Been

A 本课任务

歌谣回顾

1. 本次课我们学习的歌谣的英文名字是＿＿＿＿＿＿＿＿＿＿＿＿.

2. 这首歌谣通过两个角色的一问一答，讲述了送奶工因送奶迟到，他通过＿＿＿＿＿＿的方式向顾客讲述自己悲惨经历并求得对方原谅的有趣故事。

3. 歌谣中描述的＿＿＿＿＿＿（milkman）曾是美国街头风靡一时的职业，对当时城市居民的生活至关重要。

词汇回顾

1 读单词，补全词语。

milkman /'mɪlkmən/ *n.* 送奶工

m__ __kman

__il__man

milk__ __ __

channel /'tʃænl/ *n.* 海峡；频道

__ __annel

ch__ __nel

chan__ __ __

chin /tʃɪn/ *n.* 下巴

ch__ __

__ __in

__ __ __ __

spilt /spɪlt/ *v.* 洒出，溢出（spill 的过去式和过去分词）

__ __ilt

sp__ __t

sp__ __ __

icicle /'aɪsɪkl/ *n.* 冰柱

__cicle

i__ __cle

ici__ __ __

hung /hʌŋ/ *v.* 悬挂（hang 的过去式和过去分词）

__ung

h__ __ __

__ __ __ __

2 词汇运用，请用第1题中的词汇填空。

1) The _____ delivers（递送）milk to people's home.

2) Our _____ is a part of our face.

3) We can see _____ in Beijing in winter.

4) Can you swim across the English _____?

5) I am very sorry. I _____ your milk.

6) We_____a picture on the wall.

歌谣重现

填空，将歌谣补充完整。

Milkman, Milkman, Where Have You Been

Milkman, _____,

Where have you been?

In Buttermilk Channel up to my _____.

I spilt my milk, and I _____ my clothes.

And I got a long icicle _____ from my nose.

B 本课挑战

1 看图连线。

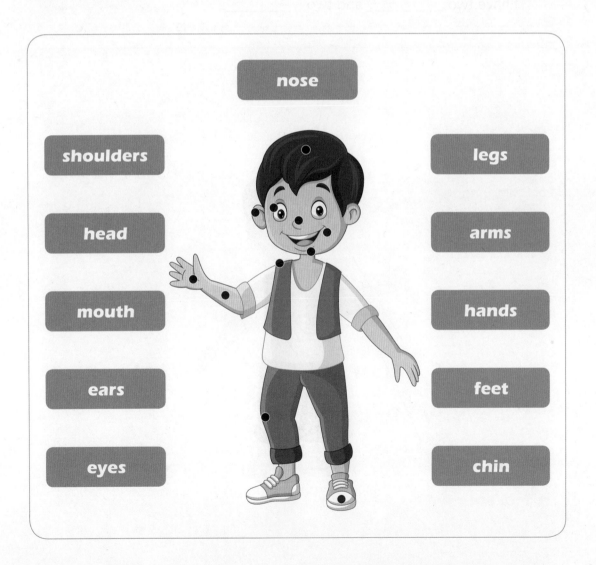

2 看图填空。

Look at me! This is me.

This is my precious（珍贵的）_____.

I have a _____ and two _____.

I have two _____ and two _____.

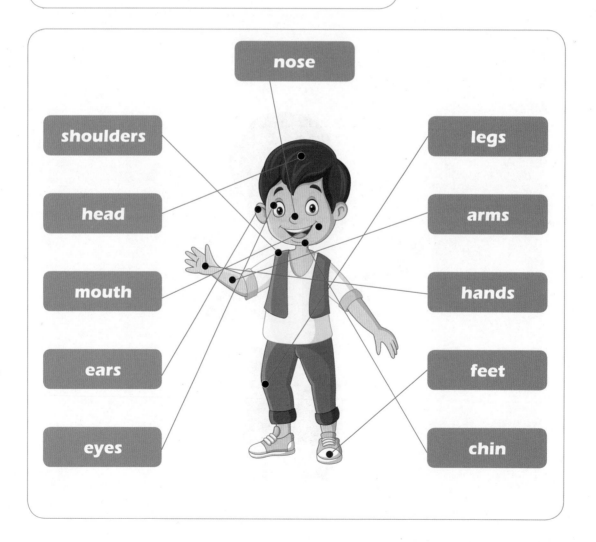

Tips

I have...表示"我有……"，have在这里表示"拥有，有"。例如：

I have a book. 我有一本书。

I have three pencils. 我有三支铅笔。

3 请画一画自己，并向你的朋友介绍自己的身体部位。

Look at me!

This is me.

This is my precious（珍贵的）_____.

I have a _____ and two _____.

I have two _____ and two _____.

Lesson 13
For Want of a Nail

A 本课任务

歌谣回顾

1. 本次课我们学习的歌谣的英文名字是_____.

2. 这首歌谣描述的是英国历史上著名的传说因为一颗_____而丢失了江山的战役——博斯沃思战役。

3. 在一个相互联系的系统中，一个很小的初始能量就可能产生一系列连锁反应的现象叫_____效应。中国的一个成语"千里之堤，_____"就很具体地体现了这一效应。

词汇回顾

1 读单词，补全词语。

nail /neɪl/ *n.* 钉子

__ai__

n__ __l

__ __ __ __ __

horse /hɔːs/ *n.* 马

__orse

h__ __se

hor__ __

rider /'raɪdə(r)/ *n.* 骑手

__ider

r__ __er

rid__ __

battle /'bætl/ *n.* 战争，战役

b__ttle

__ __ttle

bat__ __ __

kingdom /'kɪŋdəm/ *n.* 王国

__ingdom

k__ __ __dom

king__ __ __

horseshoe /'hɔːsʃuː/ *n.* 马蹄铁；
马蹄铁形物

horse__ __oe

h__ __seshoe

horsesh__ __

2 词汇运用，请用第1题中的词汇填空。

1) I see a girl riding a _____.

2) The girl rides a horse very well. She is a good_____.

3) For want of a _____ the shoe was lost.

4) They were very excited because they finally won the _____.

5) Do you see the _____ on the horse's feet? They can protect
（保护）the horse's feet.

6) The king asked the queen to help him to rule the _____.

歌谣重现

填空，将歌谣补充完整。

For Want of a Nail

For want of a nail the _____ was lost.

For want of a shoe the horse was lost.

For want of a _____ the rider was lost.

For want of a rider the _____ was lost.

For want of a battle the kingdom was lost.

And all for the want of a horseshoe _____.

B 本课挑战

1 看图，并将词组填写在对应的图片下面。

| ride a horse | on foot | by bus | by car |
| ride a bike | by subway | by train | by plane |

_____

_____

_____

_____

_____

_____

_____

_____

2 请选择第1题中的词汇填空。

1) Jim lives near the school, so he often goes to school _____ _____.

2) We have a car and usually we go to the park _____ _____ on weekends.

3) They plan to go to the zoo _____ _____, so they need to find the bus station.

4) It's too far to go to Sanya. We decided to go there _____ _____.

5) My mother usually drives to work because it's very crowded（拥挤）to go to work _____ _____.

6) We choose to travel _____ _____ because it is cheap.

3 看图填空。

（near 在附近）

– How do you go to school and why?

– I go to school _____ _____,

because I live _____ the school.

– How do you go to school and why?

– I go to school _____ _____,

because it is very _____.

（convenient 方便的）

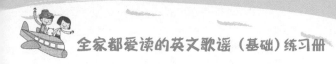

– How do you go to school and why?

– I go to school _____ _____,

because it is _____ than riding a bike.

（faster 更快的）

Tips

- by+交通工具名词单数（中间没有修饰词）表示"乘坐或采用某种交通工具出行"。
- ride一般指"骑，驾"某种交通工具（主要指马、自行车等）。
- on foot是固定搭配，表示"步行"。

4 想一想，写一写。

How do you go to school and why?

_____

_____

_____

_____

_____

Lesson 14
Humpty Dumpty

A 本课任务

歌谣回顾

1. 本次课我们学习的歌谣的英文名字是_____.

2. 刘易斯·卡罗尔在《爱丽丝镜中奇遇记》中把Humpty Dumpty描述为一个长得像_____一样的胖墩儿，所以人们在欣赏这首歌谣的时候会立刻联想到一个摇摇晃晃的鸡蛋一样的人坐在墙上。

3. Humpty Dumpty也是英语文学及影视作品中家喻户晓的黄金配角，在英语俚语中被用来指代_____。

词汇回顾

1 读单词，补全词语。

---

sat /sæt/ *v.* 坐（sit 的过去式和
过去分词）

__at

s__ __

__ __ __

---

wall /wɔ:l/ *n.* 墙壁，围墙

__all

w__ __ __

__ __ __ __

---

great /greɪt/ *adj.* 大的，巨大的

grea__

__ __eat

gr__ __t

---

fall /fɔ:l/ *n./v.* 落下；跌倒

__all

f__ __ __ __

__ __ __ __

---

men /men/ *n.* 男人；人类（man
的复数形式）

__en

m__ __

__ __ __

---

put...together 拼起来，组合

put __ __gether

__ __ __ together

put toge__ __er

---

2 词汇运用，请用第1题中的词汇填空。

1) The boy _____ on the chair yesterday.

2) These kids are very naughty.

   They climbed over the _____ to play.

3) Humpty Dumpty had a _____ fall.

4) The man broken his right leg in a great _____.

5) These are the parts of a toy car.

   Can you _____ them _____?

6) There are five _____ here and they look very happy.

歌谣重现

填空，将歌谣补充完整。

Humpty Dumpty

Humpty Dumpty _____ on the wall.

Humpty Dumpty had a great _____.

All the king's horses and all the king's _____

Couldn't _____ Humpty together again.

B 本课挑战

1 看图，并将单词填写在对应的图片下面。

| sit stand | open closed | right wrong |
| dirty clean | quiet noisy | same different |

_____

_____

_____

_____

_____

_____

_____

_____

_____

_____

_____

_____

2 请选择第1题中的词汇填空。

 This dog is clean.

 This dog is _____.

 The door is closed.

 The door is _____.

 These apples are the _____.

 These apples are _____.

 This place is _____.

 This place is _____.

 Tips 　反义词（antonym）是指意思相反的词。了解英语反义词，有助于我们理解和记忆单词。在记忆一个单词的时候，通常会链接记忆到另外一个单词，可达到事半功倍的效果。

3 英语反义词知多少。

英语中的反义词有很多，你还知道哪些呢？请把它们写出来吧。

big 大的	small_____	good 好的	_____ 坏的
old 旧的	new_____	up 向上	_____ 向下
early 早的	late_____	cold 寒冷的	_____ 炎热的
buy 买	sell_____	day 白天	_____ 夜晚
left 左	right_____	fast 快的	_____ 慢的
laugh 笑	cry_____	high 高的	_____ 低的
cheap 便宜的	dear_____	short 短的	_____ 长的
_____	_____	_____	_____

Lesson 15
I Had a Little Nut Tree

A 本课任务

歌谣回顾

1. 本次课我们学习的歌谣的英文名字是 _____.

2. 这首歌谣记录了西班牙阿拉贡的凯瑟琳公主和英格兰的王位继承人亚瑟
   王子之间的 _____。

3. 不论是东西方，联姻作为一种重要的外交手段，都活跃在古代的政治舞
   台上。唐朝贞观年间，_____进藏的故事至今还在汉藏民间
   广为流传。

词汇回顾

1 读单词，补全词语。

nut tree 坚果树

nut ＿ ＿ee

nut tr＿ ＿

＿ ＿ ＿ tree

skip /skɪp/ v. 跳过

＿ ＿ip

sk＿ ＿

＿ ＿ ＿ ＿

golden /ˈɡəʊldən/ *adj.* 金色的

＿＿olden

g＿ ＿den

gol＿ ＿ ＿

silver /ˈsɪlvə/ *adj.* 银色的，银的

s＿lver

＿i＿ver

sil＿ ＿ ＿

nutmeg /ˈnʌtmeg/ *n.* 肉豆蔻

n＿ ＿meg

＿ ＿ ＿meg

nut＿ ＿ ＿

for (the) sake of 看在……的份上

for the s＿k＿ of

f＿ ＿ the sake of

for the sake ＿ ＿

2 词汇运用，请用第1题中的词汇填空。

1) There are lots of nuts on the _____ _____.

2) I _____ over the water and run to school.

3) Goldilocks is a very beautiful girl. She has long _____ hair.

4) My grandma is old. She has _____ hair.

5) _____ can be used in cooking as a spice（调味品）.

6) He gave up smoking _____ _____ _____ _____ his health.

歌谣重现

填空，将歌谣补充完整。

I Had a Little Nut Tree

I had a little nut tree,

Nothing would it _____.

But a _____ nutmeg

And a golden pear.

The King of Spain's daughter

Came to visit me,

And all for sake

Of my little _____ _____.

…

I _____ over water,

I danced over sea,

And all the birds in the air

Couldn't catch me.

B 本课挑战

1 按要求完成以下任务。

watermelon   apple   Hami melon   peach

dragon fruit   pear   plum   lemon   cherry

grape   banana   orange   sugarcane   kiwi

1）任务一　根据颜色（colour）将水果分类

Colour	Name
red	
green	
purple	
yellow	
pink	

2）任务二　根据形状（shape）将水果分类

Shape	Name
round（圆形的）	
oval（椭圆形的）	
linear（长形的）	

3）任务三　根据口感（taste）将水果分类

Taste	Name
sweet	
sour	
crunchy（脆的）	
juicy（多汁的）	

2 根据练习1谈谈你最喜欢的水果并说明原因。

Favourite Fruit	
Reason 1 (colour)	
Reason 2 (shape)	
Reason 3 (taste)	

3 看图回答问题。

- What's your favourite fruit and why?

- My favourite fruit is _____.

  It is _____ in shape. It has a _____ skin and has the white flesh. I love it because it is very tasty and _____.

- What's your favourite fruit and why?

- My favourite fruit is _____.

  It is _____ in shape. It has a _____ skin and has the _____ flesh. I love it because it is very _____.

- What's your favourite fruit and why?

- My favourite fruit is _____.

  It is _____ in shape. It has a _____ skin and has the _____ flesh. I love it because it is very _____.

Tips

- 我们可以用like表示对一般事物的喜爱。例如：I like apples. 我喜欢苹果。
- 如果想要表达"最喜欢的，特别受喜爱的"，可以用favourite来表示，相当于"like...best"。例如：My favorite fruit is pear. 我最喜欢的水果是梨。

4 想一想，写一写。

What's your favourite fruit and why?

_____

_____

_____

_____

_____

Lesson 17
Sing a Song of Sixpence

A 本课任务

歌谣回顾

1. 本次课我们学习的歌谣的英文名字是＿＿＿＿＿＿＿＿＿＿＿＿。

2. 据记载，这首歌谣里的国王是都铎王朝君主＿＿＿＿＿＿＿＿。

3. 为加强王权，国王亨利八世征收了大量的土地和财富。因此，歌谣中把他描述为爱＿＿＿＿＿＿＿＿的国王。

4. 在英国的文化里，＿＿＿＿＿＿＿＿硬币被认为是好运的象征。

词汇回顾

1 读单词，补全词语。

sing /sɪŋ/ *v.* 唱（歌）

__ ing

s__ __ __

__ __ __ __ __

sixpence /'sɪkspəns/ *n.* 六便士硬币

__ixpence

s__x__ence

sixp__ __ce

rye /raɪ/ *n.* 黑麦

__ye

r__e

__ __ __

bake /beɪk/ *v.* 烘烤；焙

__ake

ba__e

b__k__

parlour /'pɑːlə(r)/ *n.* 客厅；会客室

__arlour

p__ __lour

parl__ __ __

dainty /'deɪnti/ *adj.* 精致的；小巧的

__ainty

d__ __nty

dain__ __

2 词汇运用，请用第1题中的词汇填空。

1) I like singing, but I can't _____ well.

2) Lily had_____ bread in the morning.

3) The man was very poor. He had only a _____ in his pocket.

4) It was my birthday yesterday. My mother _____ a cake for me.

5) She is waiting for her friend in the _____. They are going to play together.

6) Wasn't that a _____ dish to set before the King?

歌谣重现

填空，将歌谣补充完整。

Sing a Song of Sixpence

Sing a song of sixpence, a pocket full of _____.

Four and twenty blackbirds baked in a pie.

When the pie was opened, the birds began to _____.

Wasn't that a dainty dish to set before the King?

The King was in his counting house, counting all his money.

The Queen was in the parlour, eating bread and honey.

The maid was in the garden, hanging _____ the clothes.

Along came a blackbird, and pecked off her nose.

B 本课挑战

1 看图，并将词组填写在对应的图片下面。

a cup of	a pocket of	a glass of
a bottle of	a box of	a piece of

_____ tea

_____ water

_____ rice

_____ toys

_____ bread

_____ milk

2 请用第1题中的词汇填空。

1) My grandpa often drinks _____ _____ _____ tea in the afternoon.

2) I'm very thirsty. Please give me _____ _____ _____ water.

3) Tom usually drinks _____ _____ _____ milk in the morning.

4) There is _____ _____ _____ bread on the table.

5) There is _____ _____ _____ rice in the cupboard（橱柜）.

6) She has _____ _____ _____ toys

and she likes them very much.

3 看图回答问题。

– What is on the table?

– There is _____ _____ _____ water on

the table.

– What is on the table?

– There is _____ _____ _____ milk on

the table.

– What is on the table?

– There is _____ _____ _____ bread

on the table.

– What is on the table?

– There is _____ _____ _____ rice on

the table.

4 看一看，写一写。

This is my living room.

There are many things in my living room.

There is a TV on the cabinet（柜子）.

There is _____ _____ _____ water on the table.

There is _____ _____ _____ milk on the table, too.

And next to it is _____ _____ _____ bread.

There is _____ _____ _____ rice near the window.

My living room is very clean and I love it very much.

Lesson 18
Old Mother Hubbard

A 本课任务

歌谣回顾

1. 本次课我们学习的歌谣的英文名字是＿＿＿＿＿＿＿＿＿＿＿＿＿。

2. 这首歌谣可以追溯到英国都铎王朝的亨利八世统治时期，它讲述了
＿＿＿＿＿＿＿＿＿＿老妈妈和小狗的故事。

3. 每一部文学作品都有其创作意图，这首歌谣虽然简单，但据说它隐含了
＿＿＿＿＿＿＿＿＿＿推动改革的起因。

词汇回顾

1 读单词，补全词语。

fetch /fetʃ/ *v.*（去）拿来

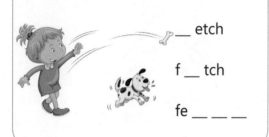

__ etch

f __ tch

fe __ __ __

Hubbard /ˈhʌbəd/ *n.* 哈伯德（人名）

H __ bbard

Hu __ bar __

Hubb __ __ d

bare /beə(r)/ *adj.* 空的

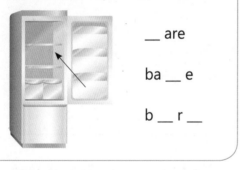

__ are

ba __ e

b __ r __

cupboard /ˈkʌbəd/ *n.* 碗柜；食橱

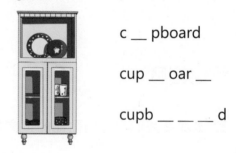

c __ pboard

cup __ oar __

cupb __ __ __ d

poor /pɔː(r)/ *adj.* 贫穷的；可怜的

__ oor

poo __

p __ __ r

went /went/ *v.* 去，过去（go 的过去式）

wen __

__ ent

w __ __ t

2 词汇运用，请用第1题中的词汇填空。

1) There is nothing in the fridge. It is _____.

2) There are many cups in the_____.

3) There is an old woman. Her name is _____.

4) She asked the dog to _____ the ball.

5) He has no money. He is very _____.

6) They _____ to the zoo yesterday（昨天）.

歌谣重现

填空，将歌谣补充完整。

Old Mother Hubbard

Old Mother Hubbard

Went to the _____,

To fetch her poor dog a bone;

But when she got there,

The cupboard was _____,

And so the _____ dog had none.

全家都爱读的英文歌谣（基础）练习册

B 本课挑战

1 选词填空。

go	went	come	came	sit	sat
have	had	eat	ate	sing	sang

1) I *go* to school every day.

I *went* to school yesterday.

2) These two dogs come to my house every day.

These two dogs _____ to my house yesterday.

3) They sit there every day.

They _____ there yesterday.

4) I have breakfast every day.

I _____ breakfast yesterday.

5) I eat fruit every day.

I _____ fruit yesterday.

6) Lily and Lucy sing every day.

Lily and Lucy _____ yesterday.

Tips

英语中有多种时态，我们把表示过去某个时间发生的动作或存在的状态的时态称为一般过去时。这时，句中的动词要使用过去式形式。

一般过去式	动词原形
went	go
came	come
sat	sit
had	have
ate	eat
sang	sing

2 参照上方表格，用动词的正确形式填空。

I _____(have) a wonderful weekend. I _____(go) to the park with my friends. It was a beautiful day. We _____ (sit) under a big tree and _____(sing) together. Then we _____(eat) lunch and played some games in the park. We were tired, but we were very happy! It was great fun!

3 英语中常见动词的过去式。

动词原形	一般过去式
are	were
is	was
talk	talked
play	played
watch	watched
study	studied
stop	stopped
swim	swam
say	said
write	wrote

Lesson 19

Little Jack Horner Sat in a Corner

A 本课任务

歌谣回顾

1. 本次课我们学习的歌谣的英文名字是＿＿＿＿＿＿＿＿＿＿＿＿＿＿＿＿.

2. 《三十六计》中有一个策略叫作＿＿＿＿＿＿＿＿＿＿，意思是用偷换的办法，暗中改换事物的本质和内容，以达到蒙混欺骗的目的。

3. 西方也有类似"偷梁换柱"的事件，比如这首歌谣中little Jack Horner 的原型被认为是16 世纪英国Glastonbury 大教区主教的管家＿＿＿＿＿＿＿＿＿，据说他偷梁换柱私藏了送给国王的其中一份地契。

词汇回顾

1 读单词，补全词语。

corner /ˈkɔːnə(r)/ *n.* 角落

__orner

c__ __ner

cor__ __ __

thumb /θʌm/ *n.* 拇指

th__mb

__ __umb

thu__ __

Christmas /ˈkrɪsməs/ *n.* 圣诞节

__ __ristmas

Chri__t__as

Ch__ __stm__s

plum /plʌm/ *n.* 李子

pl__m

plu__

__ __um

sat /sæt/ *v.* 坐（sit 的过去式和过去分词）

__at

s__t

__ __ __

said /sed/ *v.* 说，讲（say 的过去式和过去分词）

sai__

__aid

s__ __d

2 词汇运用，请用第1题中的词汇填空。

1) We have one _____ on each hand.

2) There are many_____ on the plum tree.

3) She was very sad. She sat in the _____
   and cried.

4) They celebrated（庆祝）_____ on
   December 25th.

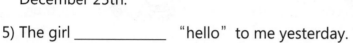

5) The girl _____ "hello" to me yesterday.

6) The boy _____ on the chair yesterday.

歌谣重现

填空，将歌谣补充完整。

Little Jack Horner Sat in a Corner

Little Jack Horner sat in a _____,

Eating his Christmas pie;

He put in his thumb, and pulled out a _____.

And said, "What a good boy am _____!"

B 本课挑战

1 看图，并将单词填写在对应的图片下面。

skirt	star	superman
starfish	scooter	sandwich

_____

_____

_____

_____

_____

_____

全家都爱读的英文歌谣（基础）练习册

2 请将第1题中的词汇填入对应的方框。

beautiful 美丽的	shining 发光的	strong 强壮的	strange 奇怪的	cool 酷酷的	delicious 美味的

3 选词填空。

1) Look, what a beautiful _____ it is!

2) Look, what a shining _____ it is!

090

3) Look, what a strong _____ he is!

4) Look, what a strange _____ it is!

5) Look, what a cool _____ it is!

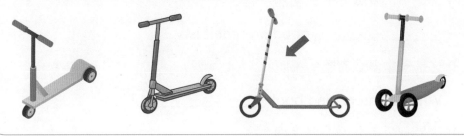

6) Look, what a delicious _____ it is!

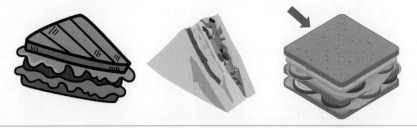

Tips

- 感叹句一般用来表示说话时的喜悦、惊讶等情感。
- 英语感叹句常用what和how引导，本次课我们主要了解what引导的感叹句。
- 以上句子是由what引导的感叹句，其句子结构为：
  What+a/an+形容词+可数名词单数+主语+谓语（be）！
  例如：What a wonderful day it is! 多美好的一天啊！

4 汉译英。

1) 这是一件多么漂亮的裙子啊！

   _____ _____ nice dress it is!

2) 这是一个多么好的礼物啊！

   _____ _____ good present it is!

3) 这是一本多么有趣的书呀！

   What an interesting book _____ _____!

4) 这是一个多么好的消息啊！

   What a good news _____ _____!

5) 这是一辆多么酷的车啊！（cool, car）

   _____ _____ _____ _____!

6) 这是一座多么古老的桥啊！（an, old, bridge）

   _____ _____ _____ _____!

Lesson 21
Mary, Mary, Quite Contrary

A 本课任务

歌谣回顾

1. 本次课我们学习的歌谣的英文名字是_____.

2. 据说这首歌谣描写的是英国历史上的_____女王，她是国王亨利八世和阿拉贡的凯瑟琳王后的女儿。

3. 玛丽一世的童年并不快乐，成长经历也不是一帆风顺，或许正是因为她早年悲惨压抑的经历造就了她_____的性格。

词汇回顾

1 读单词，补全词语。

contrary /ˈkɒntrəri/ *adj.* 相反的；
执拗的，倔强的

__ontrary

con__ __ary

contr__ __ __

pretty /ˈprɪti/ *adj.* 漂亮的

pr__tty

__ __etty

pret__ __

maid /meɪd/ *n.* 女仆

mai__

__aid

m__ __d

cockleshell /ˈkɒklʃel/ *n.* 海扇，
海扇壳

c__ckleshell

cockle__ __ell

cocklesh__ __ __

silver /ˈsɪlvə(r)/ *adj.* 银色的

__ilver

s__lver

sil__ __ __

garden /ˈgɑːdn/ *n.* 花园

gar__en

g__ __den

gard__ __

2 词汇运用，请用第1题中的词汇填空。

1) You look so _____ in that pink dress.

2) There is a _____ to do the housework.

3) She won a _____ medal（奖牌） in the high jump（跳高）.

4) There are many flowers in the _____.

5) They found some _____ on the beach（沙滩）.

6) He doesn't want to listen to others' opinions（意见）.

He is quite _____.

歌谣重现

填空，将歌谣补充完整。

Mary, Mary, Quite Contrary

Mary, Mary, _____ contrary.

How does your garden grow?

With _____ bells and cockleshells.

And _____ maids all in a row.

全家都爱读的英文歌谣（基础）练习册

B 本课挑战

1 看图，并将单词填写在对应的图片下面。

| kind | selfish | lazy |
| friendly | honest | funny |

2　请用第1题中的词汇填空。

1) Lily holds an umbrella for the dog in the rain.

　　She is very _____.

2) Tom only cares about（关心） himself.

　　He is very _____.

3) Peter doesn't want to work.

　　He is very _____.

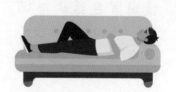

4) Mike never tells lies.

　　He is very _____.

5) George is always kind to his friend.

He is very _____.

6) Look at this mouse. It makes people laugh.

It is very _____.

3 请填写合适的单词。

This is Lucy.

She is my best friend.

She often helps others.

She is very _____（善良的，体贴的）.

Everyone loves her.

This is Alan.

He is my best friend.

He is always kind to others.

He is very _____（友好的）.

Everyone loves him.

4 请介绍一下你最好的朋友吧。

_____

_____

_____

_____

_____

_____

_____

_____

Lesson 22
Pussycat, Pussycat

A 本课任务

歌谣回顾

1. 本次课我们学习的歌谣的英文名字是_____.

2. 这首歌谣讲述的是一只小猫咪去伦敦拜访_____，并吓走她椅子底下一只小老鼠的故事。歌谣中提及的女王，大都认为是英国历史上著名的_____。

3. 伊丽莎白一世女王工作能力强，她所统治的时代在英国历史上被称为_____。

词汇回顾

1 读单词，补全词语。

---

pussycat /ˈpʊsikæt/ *n.* 猫，小花猫

__ussycat

pus__ __cat

pussy__ __ __

---

visit /ˈvɪzɪt/ *v.* 访问，拜访

visi__

__ __sit

vi__ __t

---

queen /kwiːn/ *n.* 女王，王后

quee__

__ __een

qu__ __n

---

mouse /maʊs/ *n.* 老鼠

__ouse

m__ __se

mou__ __

---

frighten /ˈfraɪtn/ *v.* 使害怕，吓走

fright__ __

__ __ighten

fr__ __ __ten

---

chair /tʃeə(r)/ *n.* 椅子

__ __air

ch__ __ __

__ __ __ __ __

101

2 词汇运用，请用第1题中的词汇填空。

1) Pussycat, _____, where have you been?

2) We are going to _____ our grandparents.

3) They sit on the_____and read together.

4) She married the king and she became a _____.

5) He is very naughty（淘气的）. He wants to _____ the little

   boy.

6) There is a _____ in my house. The cat can catch it.

歌谣重现

填空，将歌谣补充完整。

Pussycat, Pussycat

Pussycat, pussycat, where have you been?

I've been to London to _____ the queen.

Pussycat, _____, what did you do there?

I frightened a little _____ under her chair.

B 本课挑战

1 根据语境，请用下面框中的单词填空。

when：询问"时间"   where：询问"地点"

who：询问"谁"   why：询问"原因"

whose：询问"谁的"

1) – _____ do you go to school?

   – I go to school at 7 o'clock.

2) – _____ is my English book?

   – It is on the table.

3) – _____ is that lady?

   – She is my mother.

4) – _____ are you late for school?

   – Because（因为）I get up late in the morning.

5) – _____ book is that?

   – It's Tom's.

Tips　　以上以wh-开头的单词是引导特殊疑问句的特殊疑问词，通常用来询问时间、地点、原因等。

2 请根据句子内容补全对话。

Alice: Hello, Jenny. How was your weekend?

Jenny: It was great!

Alice: _____ did you wake up in the morning?

Jenny: I woke up at 7:00 a.m.

Alice: What did you eat for breakfast?

Jenny: I ate some bread and drank some milk.

Alice: Then _____ did you go?

Jenny: I went to the zoo.

Alice: Cool. _____ did you go to the zoo with?

Jenny: I went to the zoo with my parents.

Alice: Did you have a good time at the zoo?

Jenny: Yes. I saw many animals there.

3 请对画线部分进行提问。

1) He is my brother.

_____ is he?

2) The box is on the desk.

_____ is the box?

3) This is my dog.

_____ dog is this?

4) They want to go to China, because they want to learn Chinese.

_____ do they want to go to China?

5) They went to the park on Sunday.

_____ did they go to the park?

Lesson 24
Rain, Rain, Go Away

A 本课任务

歌谣回顾

1. 本次课我们学习的歌谣的英文名字是_____.

2. 在古今中外战争史中，巧用_____条件而获胜的战例不胜枚举。

3. 在著名的英西大海战中，英国舰队就是利用一场_____击溃了前进的西班牙船只。

4. 三国时期，诸葛亮利用_____天气，不费吹灰之力就得到了十几万支箭，顺利完成了周瑜交给他的任务。

词汇回顾

1 读单词，补全词语。

---

rain /reɪn/ *n.* 雨；雨水

__ain

rai__

r__ __n

---

come /kʌm/ *v.* 来

__ome

c__me

co__ __

---

play /pleɪ/ *v.* 玩耍

__ __ay

pl__ __

__ __ __ __

Spain /speɪn/ *n.* 西班牙

Spai__

__ __ain

Sp__ __n

---

want /wɒnt/ *v.* 想要

__ant

wan__

w__ __t

---

go away 走开

go a__ay

__ __ away

go aw__ __

2 词汇运用，请用第1题中的词汇填空。

1) They are hungry. They _____ to eat something.

2) Don't go out in the _____. Your clothes will get wet.

3) I want to stay here. I don't want to_____ _____.

4) We decided to go to _____ for our holiday this year.

5) They often _____ games after school.

6) _____ here. Let's read a book together.

歌谣重现

填空，将歌谣补充完整。

Rain, Rain, Go Away

Rain, rain, go _____,

Come again another day.

Little Johnny wants to _____;

Rain, _____, go to Spain,

Never show your face _____!

B 本课挑战

1 看图，并将单词填写在对应的图片下面。

| sunny | cloudy | rainy |
| windy | snowy | stormy |

_____

_____

_____

_____

_____

_____

2 请把天气与对应的活动连起来。

play at home   play in puddles   have a sun bath
●   ●   ●

●   ●   ●
sunny   cloudy   rainy

snowy   windy   stormy
●   ●   ●

●   ●   ●
fly a kite   stay at home   make a snowman

3 请根据语境选用第2题中的活动表达填空。

– What's the weather like?

– It's sunny.

– What do you want to do?

– I want to _____ _____ _____ _____.

– What's the weather like?

– It's cloudy.

– What do you want to do?

– I want to _____ _____ _____.

– What's the weather like?

– It's rainy.

– What do you want to do?

– I want to _____ _____ _____.

– What's the weather like?

– It's windy.

– What do you want to do?

– I want to _____ _____ _____.

– What's the weather like?

– It's snowy.

– What do you want to do?

– I want to _____ _____ _____.

– What's the weather like?

– It's stormy.

– What do you want to do?

– I want to _____ _____ _____.

4 请根据今天的天气回答问题。

1) What's the weather like?

_____

2) What do you want to do?

_____

_____

Lesson 25
London Bridge Is Falling Down

A 本课任务

歌谣回顾

1. 本次课我们学习的歌谣的英文名字是_____.

2. 这首歌谣记录了英国_____的沧桑历史,这座著名的桥并不像现在看起来那样坚不可摧,历史上的伦敦桥倒塌过多次。

3. 英国还有一座著名的桥——_____,它是一座高塔式铁桥,因在伦敦塔附近而得名。

词汇回顾

1 读单词，补全词语。

---

bridge /brɪdʒ/ *n.* 桥

__ridge

b__idge

brid__ __

---

wood /wʊd/ *n.* 木材

woo__

__ood

w__ __d

---

brick /brɪk/ *n.* 砖块

br__ck

__ __ick

bri__ __

---

build /bɪld/ *v.* 建造

buil__

__uild

b__ __ld

---

clay /kleɪ/ *n.* 黏土

__ __ay   cl__ __   __ __ __ __

---

mortar /ˈmɔːtə(r)/ *n.* 灰泥

__or__ar

m__ __tar

mort__ __

---

2 词汇运用，请用第1题中的词汇填空。

1) London _____ has a long history（历史）.

2) We are going to _____ a house here.

3) The desk is made of _____.

4) This house is made of _____. It is very strong.

5) What a lovely clay doll! It is made of _____.

6) _____ is used in building for holding bricks and stones together.

歌谣重现

填空，将歌谣补充完整。

London Bridge Is Falling Down

London Bridge is falling down, falling down, falling down.

London _____ is falling down, my fair lady.

Build it up with wood and clay, wood and clay, wood and clay.

Build it up with _____ and clay, my fair lady.

Wood and clay will wash away, wash away, wash away.

Wood and _____ will wash away, my fair lady.

Build it up with bricks and mortar,

Bricks and mortar, bricks and mortar.

Build it up with bricks and mortar, my _____ lady.

B 本课挑战

1 看图，并将词组填写在对应的图片下面。

fall down	sit down	lie down
stand up	hands up	look up
wash away	take away	walk away

down含有"向下"之意

_____

_____

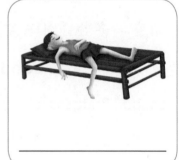

_____

up含有"（由下）往上"之意

_____

_____

_____

away含有"离开"之意

_____ _____ _____

2 请用第1题中的词汇填空。

The house will _____ _____.

I'm very tired（累的）.

I want to _____ _____ and have a good rest.

They _____ _____ and listen to the story.

He doesn't want to sit now.

He wants to _____ _____.

There is a bird's nest（鸟巢） in the tree.

You can _____ _____ there.

Please _____ _____ if you can answer the

question.

Can washing hands with soap（肥皂） _____

_____ germs（细菌）?

Mother doesn't need her help, so she wants to

_____ _____.

 The little girl is crying. Her sister shouldn't _____ _____ her toy.

3 英语中还有很多介词短语，我们一起来看看吧。

write down 写下，记下	get down 下来；取下
grow up 长大，成长	fix up 修理；安装
turn on 打开	keep on 继续
turn off 关掉	show off 显示；夸耀
hand in 交上去	join in 加入；参加